合同视角看国际贸易

周凌轲 〔韩〕朴洸绪 著

中国财富出版社有限公司

图书在版编目（CIP）数据

合同视角看国际贸易／周凌轲，（韩）朴洸绪著．—北京：中国财富出版社有限公司，2021.6（2023.2重印）

ISBN 978－7－5047－7451－4

Ⅰ．①合…　Ⅱ．①周…　②朴…　Ⅲ．①国际贸易—贸易合同—合同法—研究　Ⅳ．①D996.1

中国版本图书馆 CIP 数据核字（2021）第 106007 号

策划编辑	李　晗	**责任编辑**	邢有涛　李　晗	**版权编辑**	李　洋
责任印制	梁　凡	**责任校对**	杨小静	**责任发行**	黄旭亮

出版发行	中国财富出版社有限公司		
社　　址	北京市丰台区南四环西路 188 号 5 区 20 楼	**邮政编码**	100070
电　　话	010－52227588 转 2098（发行部）		010－52227588 转 321（总编室）
	010－52227566（24 小时读者服务）		010－52227588 转 305（质检部）
网　　址	http://www.cfpress.com.cn	**排　　版**	宝蕾元
经　　销	新华书店	**印　　刷**	北京九州迅驰传媒文化有限公司
书　　号	ISBN 978－7－5047－7451－4/D・0191		
开　　本	710mm×1000mm　1/16	**版　　次**	2022 年 4 月第 1 版
印　　张	11.5	**印　　次**	2023 年 2 月第 2 次印刷
字　　数	188 千字	**定　　价**	45.00 元

序 言

纵观世界经济发展史，没有一个国家可以脱离世界市场而获得成功。远到第一次工业革命时期欧洲的发展，近到亚洲四小龙经济的崛起，乃至我国经济的高速发展，国际贸易都起到了至关重要的作用。当前，我国提出的“一带一路”倡议不断深化，对外经济贸易交流规模不断扩大，外部大环境对从事国际贸易的从业人员，以及从事国际贸易学研究的科研人员都提出了更高要求。

国际贸易学是一个包含了经济学、管理学、法学等多学科内容的综合性学科。国际贸易学的研究领域也拥有多个分支，研究国际贸易中各当事人之间的权利、义务关系为主要切入点的国际商务、研究国际贸易中企业的管理与投资行为的国际经营管理、研究影响国际贸易的外部环境的国际经济是其最重要的三个研究领域。而国际贸易实务是所有这些研究领域的基础。

在传统的国际贸易实务研究文献中，研究框架以国际贸易实务的流程为中心展开，研究目的也更多是阐明国际贸易的操作实务。这样的研究对国际贸易操作的普及具有重要意义，其研究成果对我国国际贸易实务操作人才的培养也助力甚多，但这并不是一种高效的研究，因为对于实务操作，行业现场训练的效率要远超书本文字的学习，而且学术层面的研究必然落后于实务的发展。正因如此，研究应该既要基于实务，又必须高于实务，最终才能反哺实务。

基于这样的观点，我们认为国际贸易实务的研究应该是以解决国际贸易实务中发生的纠纷为主要目的。为达成这样的目的，需要对国际贸易实务的流程进行重组，以便讨论国际贸易实务中的纠纷与解决方案。纵观国际贸易实务的全部流程，可以发现整个流程是围绕双方当事人所订立的买卖合同进行的。为了买卖合同的顺利履行，银行、保险公司、船运公司等均需要介入，这也为国际贸易实务带来了结算合同、保险合同、运输合同等。因此，国际贸易实务实际上可以看成是围绕买卖合同发生的一系列合同的合集。

本书正是以合同视角拆解国际贸易实务的流程，在国际贸易实务操作的基础上讨论不同合同中各个当事人之间的权利、义务关系，期望为读者在理解国际贸易实务的同时，提示各种权利、义务履行过程中可能存在的风险要点，最终达成提升读者处理国际贸易实务纠纷能力的目的。

目　录

1 绪论

1.1 国际贸易学的总体研究体系

曼昆教授在自己的经济学入门著作中就阐明了“交易使每个人获益”（trade can make everyone better）的基本道理。作为一种跨关税区的私人间的商业交易，国际贸易也使得全世界所有国家的经济状况变得越来越好。经典贸易理论证明国际贸易的确让全世界的商品和服务的总生产量增加，这些增加的部分正是国际贸易给世界经济发展带来的益处。但这里存在一个问题，因国际贸易而多生产出来的东西需要在参与国际贸易的当事人之间进行分配，由于利益总量是一定的，那参与国际贸易的当事人之间就会出现利益对立关系。作为国际贸易的参与者，每个当事人都希望在分配国际贸易利益时能获得更多利益，而每个国家都希望在分配全球国际贸易利益时，让本国参与者获得更多。因此，作为个人或企业，我们必须十分清楚国际贸易的各种规则，以保障自己在进行国际贸易时尽量少犯错误；作为政府，则需要制定让本国利益最大化的政策。这就是我们需要对国际贸易进行研究的原因。

那么国际贸易具体要研究什么？根据国际贸易的研究对象来看，大致可以分为三个方向。

一是国际贸易实务与法规。这是国际贸易研究中最贴近实践的领域。在任何一个国际贸易交易中都存在一个根本目标，即买方通过支付价款获取货物商品的所有权，或者接受某种服务；卖方通过交付商品的所有权，或者提供某种服务，从而获取价款作为报酬。国际贸易实务就是研究价款如何支付、商品如何交付，以及为保证国际贸易顺利进行的当事人与银行、保险公司、物流企业之间的业务往来。这里存在一个问题，即各国当事人处在不同的商业环境下，彼此具有相异的商业惯例，这就让国际贸易的交易实务相比单纯的国内交易发生纠纷的概率要大很多。有些时候，这样的惯例差异甚至已经严重威胁到国际贸易的稳定进行。为解决这样的问题，包括联合国国际贸易法委员会、国际商会在内的国际组织在参考全球贸易的实际情况之后，制定了一系列全球统一的国际贸易规范，如 CISG、Incoterms、UCP 等。因此，今天的国际贸易实务已经相对流程化和定型化，而对于国际贸易实务的研究，也更多倾向于对这些规则的研究。

二是国际经营管理领域。虽然从学术定义的角度看，国际贸易是私人间的商业交易，这里的私人包含了个人、法人，甚至非法人团体。但从现状来看，目前绝大部分的国际贸易仍然由企业主导完成。因此，在推动国际贸易进行的过程中，进出口企业就是当之无愧的第一当事人。对于企业如何管理的问题，在管理学的研究中有非常成熟的结论。但是，当一个企业涉及进出口，甚至跨国投资的时候，所要面对的情况就复杂得多。因为企业将要面对的是与本国完全不同的客户。此时的营销策略、财务管理、人力资源管理等都需要设定新的策略。当然，在今天这样一个全球化的环境中，一个既不出口也不进行跨国投资的企业，仅仅依赖于本国市场和本国的产业链就能实现大规模增长，这种可能性不大。因此，在今天的管理学研究中，国际经营管理几乎是不可能回避的问题。

三是国际贸易理论与国际经济领域。此领域中，国际贸易理论重点研究国际贸易这种现象的起因和应对策略，这是国际贸易研究中最早的领域。从亚当·斯密的绝对优势理论、李嘉图的比较优势理论、赫克歇尔—俄林定理等组成的经典贸易理论到以克鲁格曼理论为代表的新贸易理论，都在尽力说明国际贸易这种经济现象为何会产生，又会给我们的世界带来怎样的经济后果，面对这样的结果政府应该制定怎样的政策才能实现本国利益的最大化等。国际经济重点研究了影响国际贸易的外部环境，如汇率的变动会对国际贸易产生怎样的影响；一国与另一国订立自由贸易协定之后哪些产业会因此而获利，又有哪些产业会受到伤害；对外国商品征收关税是否能带来本国利益的最大化等。

综上所述，国际贸易的研究是围绕国际贸易的根本目的展开的，即无论是哪一个领域的研究，其根本目的都是服务于双方当事人顺利完成交换，且通过彼此的交换使自己在国际贸易中获益。因为有了这样的目标，看似彼此并不关联的三个研究领域组合成为一个融合性的研究领域——国际贸易学（international trade studies）。但也需要注意的是，由于今天的社会科学研究体系，尤其是世界通行的体系，是以 SSCI 的学科分类为准，而国际贸易在 SSCI 体系里，并不是一个独立的学科分类。从一些著名的学术期刊可以看出，国际贸易在 SSCI 体系内被认为是经济学的一个分支。即使在我国，国际贸易仍然被认为是应用经济学的一个二级学科，但作为国际贸易的研究者，应该清楚国际贸易是一个具有高度融合性的研究领域。

1.2 本书的主要内容与结构

本书旨在讨论国际贸易实务范畴的问题。更具体地说，本书将讨论从合同观点下的国际贸易问题。事实上，在国际贸易中，所有当事人之间都是依靠合同来约束彼此的权利、义务关系。我们可以这样说，国际贸易实务里的问题几乎都可以归纳为一种合同问题。例如，双方当事人的交易中，买方需要支付价款，卖方需要交付商品或提供服务，那么双方当事人之间就是一种买卖合同或者说销售合同的关系；在商品贸易中的商品移动过程中，货物的交运一方（shipper）向物流公司支付价款，换取的是物流公司所提供的运输服务，他们之间就构成一种运输合同关系；在价款的解释上，债务人或债权人通过银行或者其他金融机构完成彼此间债权或债务的关系，而银行或者其他金融机构也不会免费提供这样一种金融服务，这里就构成一种金融服务的合同关系。传统意义的国际贸易实务以双方当事人的进出口流程为研究重点，这样做虽然没有什么不对，但从另一个角度来讲，这样研究的价值是受限的。笔者这样说的理由有三点：第一，研究（research）的本质是对现象背后的理论进行探索，而进出口操作流程本身作为一种技能，理论价值是不高的。第二，社会科学研究的目的在于由现象探讨理论本质，最后再服务于现象的发展，而对于流程的研究既无法提炼理论，且牵强提炼的理论也无法服务于现象发展。第三，在国际商会等机构的努力下，进出口流程高度定型化，从操作进出口的角度看，所谓研究的价值并不大于实务操作的价值，因而研究意义并不大。

基于上述的理由，是否可以认为国际贸易实务没有研究的必要呢？这样的结论可谓武断。所以，需要对国际贸易实务的研究侧重点，或者说对国际贸易实务的研究视角应该进行重新思考。从国际贸易实务的现状来看，在一个高度定型化的流程下，参与国际贸易的各当事人的自主空间，或者说自由发挥的空间并不广阔。因为国际贸易作为一种商业交换，所有当事人在交易中是对等的。即使一方当事人基于某种特定的目的想要改变交易的流程，从理论上也许可行，但作为另一方当事人，没有任何理由会去接受这样一种反常的改变。因此，除非有特殊原因，进出口流程通常不会有太多的改变。但是，如上文所述，如果细分进出口流程可以发现，其实每一个流程都可以看作特定的某两个及其以上当事人之间的合同关系，这种合同关系作为一种私法行为，参与合同的当事人可以依据当事人意思自治的原则自由商定合同的细节。通俗一点说，进出口的流程虽然是固定的，但流程中各当事人的权利、义务划分却是由当事人自己商定的。合同的商定，也可以说是国际贸易实务中留给各当事人之间唯一可自由操作的空间了。因此，无论是从研究的角度，还是实用的角度，对国际贸易实务的研究都应该采取以合同为中心的视角。

以合同为中心，构成本书的章节体系。绪论作为第一章，主要介绍国际贸易的学术体系，以及对本书的论述提出立论。第二章讨论合同的基本理论以及国际贸易合同的特点，以此为下一阶段的论述做基础铺垫。第三章讨论国际贸易定型化与贸易术语的规定。第四章讨论国际贸易中买卖合同（main contract）的相关条款。从第五章开始到第八章讨论为保证买卖合同顺利履行，各当事人之间所订立的附属合同。这些附属合同分别涉及国际结算、贸易保险、国际运输以及贸易纠纷的解决。在每一章之后列出主要参考文献，供读者选读。

2 合同与国际贸易合同

2.1 合同的一般性讨论

2.1.1 合同的概念

根据《中华人民共和国民法典》（以下简称《民法典》）第464条规定，“合同是民事主体之间设立、变更、终止民事法律关系的协议”。从这个定义来看，合同是一种协议，是当事人之间用于规定民事权利义务关系的协议。

这个定义里有两个关键性词语需要注意。首先是“民事主体”，在民法理论中，所有民事主体都是平等的，这决定了合同的性质。合同是由两个或两个以上的平等的当事人所订立的协议，这些当事人在法律地位上是平等的。由常识可知，几位当事人为了同一目的订立一个合同，这几位当事人在力量上是不可能完全一致的。如热销商标商品的代理合同中，商标持有人相对于代理商来说就具有了绝对的优势。但无论现实中各当事人的力量对比如何，在法律上他们都必定是平等的主体。其次是“设立、变更、终止民事权利义务的协议”，从这里可以看出合同的内容。合同的内容关系民事权利义务关系的“设立、变更或终止”。从这个定义可以看出，只要是“民事主体”之间所订立的有关民事权利义务关系“设立、变更、终止”的协议就是合同。

需要注意的是，合同的定义里并没有规定合同的形式。而《民法典》第469条又规定了除非法律另有规定，合同的订立“可以采用书面形式、口头形式或者其他形式”。换句话说，合同在形式上是没有限制的，即使没有落实在纸面上的，只要各“民事主体”的当事人达成了任何有关民事权利义务的“设立、变更、终止”的协议，合同便存在了。合同的这一性质在法律上被称为“不要式合同”。

2.1.2 合同的订立

上文说到，只要平等的当事人之间订立了有关民事权利义务的协议，就表示已存在合同关系。那么这里就有一个问题值得关注。这种法律上的合同关系是何时成立的？要讨论这个问题就需要从合同订立的程序开始。从法律上来看，一份对当事人有约束力的合同的订立需要有要约（offer）与承诺（acceptance）两个要素。

（1）要约

所谓要约，是指一方当事人为了订立合同，而向另一当事人发出“希望与其订立合同的具体意思表示”。简单地说，一方当事人希望订立某种合同，并向另一方当事人提出自己所希望的合同条件，这种条件就是一种要约。当然，并不是所有的希望订立合同的条件都可以构成法律意义上的要约。要构成法律意义上的要约通常需要以下五个条件。

第一，要约人具有订立合同的能力。这里的订立合同的能力即民法上所说的行为能力。要约人希望订立一份合同，前提条件是他有足够的能力去履行一份合同里的义务。例如，一名客人向某汽车销售商提出自己希望以某一价格购买某一特定型号的家用轿车，如果购买汽车这一意思表示是由一个成年人提出来的，这自然构成了法律意义上的要约，但如果这一意思表示仅仅是由一个襁褓中的孩子，或者一个具有精神疾病的病人说出的，这显然不构成要约，因为孩子和精神病人根本无法履行合同订立之后的义务。

第二，要约要明确目的。所谓明确目的是指发出要约的当事人（要约人）要明确指出自己发出要约的目的，即希望与另一方当事人（受要约人）订立合同，根据《民法典》的要求，要约人必须在自己的意思表示中明确这一点，并表示自己愿意接受自己所作出的意思表示的约束，只有这样的意思表示才能被认为是要约。

第三，要约的内容应该具体、确定。这一条很容易理解，因为一方当事人希望另一方当事人与自己订立一项合同，那么至少要提出自己的条件以供另一方当事人考虑。就像在买卖合同中，一方当事人需要购买商品，至少要提出自己需要购买何种商品、购买多少数量的商品、愿意为购买商品支付多少价款。

第四，要约应该向与之订立合同的受要约人发出。简单理解这句话就是说要约应该向特定的人发出。这里所指的“特定的人”可以是一个，也可以是多个，通常情况下，在不特定的大众发出的意思表示不会被认为是要约。就像广告一样，广告主通过媒体向不特定的大众播放宣传自己商品的广告，这样的广告虽然也表明了广告主希望贩卖自己商品的意愿，但并不构成法律意义上的要约。当然要约是否一定要是针对“特定的人”，这里有两种情况的例外。一是要约人虽然对不特定的大众发出希望订立合同的意思表示，但在意思表示中明确了自己愿意将这项意思表示视为要约，并接受约束的时候，这样的意思表示就是要约；二是在《中华人民共和国电子商务法》上，将合同的订立时间点看作消费者付款或提交订单的时候，那么销售一方在互联网上上传的有关商品销售的信息也会被认为是要约。

第五，要约必须被送达受要约人。按照《民法典》的要求，要约作为一项具有法律约束力的意思表示，其效力在送达受要约人时产生，这种法律性质被称为“到达主义”。由于要约的生效采取了到达主义，因此可以推导出要约的另一个特性：要约在被送达受要约人之前，是可以被撤回的。但一旦要约被送达受要约人，要约人就必须承受要约的约束，此时要约人要想撤销要约的效力或者修改已生效要约的内容就很困难了[①]。

当一方当事人的意思表示满足上述 5 个条件时，要约宣告成立。在实务中，要约人通常会为一份要约订立一个期限，以示在该时间点到来以前，自己会接受要约的约束。

（2）承诺

承诺是合同订立所需的另一关键要素。根据《民法典》所做的定义，承诺是受要约人对要约所作出的表示同意的意思表达。需要注意的是，这里的“同意”，是指对于要约条件的无条件同意。在普通法系里，无条件同意是要

---

① 虽然《民法典》中规定了要约被撤销的条件，但在实务中要满足这种条件从而撤销一份已经生效的要约是很困难的事情。

求达到一种“镜像原则”（mirror image rule）或“完全一致原则”（ribbon matching rule）。通俗地讲，受要约人对要约里所提的每一个条件都表示同意的意思表示才可以看成承诺，否则都被看成对要约的拒绝。同时，如果受要约人对要约的部分条件表示同意，对部分条件提出变更意见，这样的意思表示将被视为一项新的要约，此时要约人与受要约人的身份发生转变。在合同的订立过程中，这种对要约的变更有可能在当事人之间反复多次，直到某一方当事人完全同意要约，或者完全拒绝要约为止。要使一项承诺产生效力，需要满足以下条件。

第一，承诺需要对要约提出的所有条件表示无条件同意。这点在上文已经提到，但在有些时候，对要约的非实质性变更也被认为是一项有效的承诺。根据《民法典》的规定，一份合同通常包括当事人姓名、住所、标的、数量、质量、价款或报酬、履行（时间、地点、方式）、违约责任、争议解决的方法等，其中受要约人对“标的、数量、质量、价款或报酬、履行、违约责任、争议解决”的变更会被视为一种实质性变更。

第二，承诺要在规定时间内到达要约人。同要约一样，承诺的生效也遵循到达主义。这里的到达要求的是在要约有效期内，或是合理的时间内到达。也就是说，当一份要约里包含一个有效期限时，受要约人的承诺只有在这个时间内到达要约人处才有效力，这是实务中通常存在的情况。但如果要约人的要约里没有规定有效期限，承诺应该在一段合理的时间内到达要约人处，何为“合理时间”?《民法典》里只规定了对话中所发出的口头要约必须立刻回答，至于非对话中所发出的要约该如何断定合理时间就见仁见智了。另外需要注意的是，一项承诺如果没有在要约规定的时间内到达要约人处，但这种迟到是“其他”原因造成的，在要约人没有反对的情况下，承诺依然是有效的。至于何种原因能算作“其他”在《民法典》中并没有明确规定，笔者认为非受要约人错误造成的原因就可以算作“其他”原因。

根据《民法典》的规定，一份承诺产生效力的时候，就是合同订立的时间。另外，如果受要约人没有口头、书面，或者通过其他任何形式作出对要约表示同意的意思表达，但做出了某种行为，如受要约人是买卖合同的买方时，买方直接向卖方付款。这种行为意味着受要约人同意了要约，这种行为也被看作一种承诺。

2.1.3 合同的履行与准据法

承诺的生效标志着合同的订立，之后合同中的各方当事人就开始履行自己在合同里的义务。合同的履行原本是一件相对简单的事情，一般情况下，合同里会列明各方当事人在合同中的义务，合同中的各方当事人严格依照合同履行自己的义务即可。但若某一方当事人因为主观或者客观的因素无法履行自己在合同中的义务的时候，就需要采取救济措施。根据《民法典》的要求，履行合同的根本原则是“按照约定全面履行自己的义务”。简单地说，合同中的各方当事人在履行合同时应该保有最大的善意，即履行合同应该遵循诚实信用的原则。问题就在于，每个当事人对“诚信”的理解是不一样的，或者说每个当事人对于合同里出现的描述的理解也是有差异的。这就造成各方当事人都认为自己的行为是完全符合合同要求的，但在其他当事人眼中是不足的现象。要解决这一问题，合同里的各方当事人对合同的履行必须具有相同的认识，或者说在判定各方当事人是否完成了合同里所规定的义务需要有统一的标准。届时，当事人之间存在分歧，具有权威的第三方（通常为法院或仲裁机关）也可以使用双方都接受的标准来对合同履行情况进行公正的裁判。

幸运的是，在我国发生任何合同纠纷，都可以采取《民法典》作为判断当事人之间是否存在违约的标准。但如果是涉外合同就不是这样简单了，因为我国的当事人是不会轻易接受外国的规则作为判断是否违约的标准的。外国的当事人也不会轻易接受我国的《民法典》作为标准。这就要求在订立涉外合同时，当事人之间应该提前选择某一双方都能接受的法案作为标准，这部法案在概念上被称为“准据法”。根据我国的国际司法规则，当遇到涉外民事关系时，应优先适用我国政府所缔结的国际条约。换句话说，我国的当事人与外国的当事人之间订立合同时，如果没有事先约定好使用哪一部法案作为标准，有可能某一部国际条约将会自动适用，如果恰巧我国的当事人不熟悉这一部国际条约，情况就会对我国的当事人不利。

2.2 国际贸易合同

2.2.1 国际贸易合同的概念与性质

在进出口的过程中，双方当事人始终围绕这一目的来行动，即买方向卖方支付价款，以换取某种商品，或接受某种服务。相反，卖方向买方交付某种商品，或提供某项服务，以此换取一定的价款。作为私人的双方当事人的这种价款与商品（或服务）的交换是一种民事行为（更细致地说，是一种商事行为），双方当事人所达成的建立这种民事关系的协议就是一种合同。从概念上讲，国际贸易[①]合同具有以下四个法律性质。

第一，诺成合同。所谓诺成合同，是与实践合同相对的概念。即双方当事人的意思表示[②]达成一致的时候合同关系即宣告成立。相反，实践合同要求合同必须开始履行之后，当事人之间的合同关系才宣告订立。如甲乙双方订立借款合同，甲向乙借某一定数额的款项，乙每年向甲支付一定的利息，到期返还本金。在这种合同中，如果甲没有向乙支付所约定的借款数额，乙也无法向甲支付本息，这种合同就是一种实践合同。事实上，在当前的商业环境下，绝大多数的买卖合同都是诺成合同，即合同里的各方当事人对合同条件达成一致的瞬间，双方合同关系即宣告成立。

第二，双务合同。在国际贸易中，双方当事人彼此间都具有一定的义务，即义务是双向的，买方对卖方负有支付价款的义务，卖方对买方具有交付商品（或提供服务）的义务。理论上讲，在作为双务合同的国际贸易合同里，双方当事人所具有的义务是相互对等的，双方履行自己的义务也应该是同时

① 从国际贸易所交易的对象来看，可以将国际贸易分为服务贸易、商品贸易等。虽然服务贸易的比重在逐渐增大，且开始得到各国政府的重视，但迄今为止，商品贸易依然是国际贸易的主流。本书自此刻开始，如无特别强调，所指的“国际贸易”都指商品贸易。

② 根据联合国国际贸易法委员会所颁布的《联合国国际货物销售合同公约（1980）》（CISG）的官方中文版的语言表述，“意思表示”一词被表述为“意旨”。类似的翻译问题还有很多，为避免读者出现混淆，本书对这类词语进行表述的时候，均采取《民法典》或国际贸易实务上通行的表述。

的。但在进出口实务中，由于双方当事人处在不同的关税区，地理和时间的差异让双方当事人要做到“支付与交货”同时进行是十分困难的。

第三，有偿合同。需要特别说明的是，所谓有偿合同的“有偿”，并不单指买方需要支付价款，而是指合同的双方当事人在享受合同权利的同时，需要付出“对价”。在双务合同的性质中说明双方当事人对对方都具有一定的义务，这个义务并不是白白付出的，而是对自己享受合同权利所付出的代价而已。因为，卖方履行交付商品的义务是为了享受到接受价款的权利；买方履行支付价款的义务，是为了享受接受商品的权利。

第四，不要式合同。这一性质在解释合同的一般性质的时候已经简单提到过。国际贸易合同没有法定的格式，这是通常的认识。将不要式合同的性质与诺成合同的性质放在一起讨论的时候应该注意一点，在国际贸易的协商谈判中，只要双方在合同的条件上达成了一致，哪怕这种一致仅是口头上达成的，合同关系就已经订立，对于是否需要将协商的结果落实到纸质的合同书，双方是否需要签字，这些并没有要求。另一点也需要特别注意，虽然国际贸易合同是不要式合同的这一理念在绝大多数国家都得到认可，仍然有以俄罗斯为代表的少数国家①并不承认这一点。因此在与这些国家进行交易的时候需要特别注意。

2.2.2 国际贸易合同的订立

国际贸易合同订立的基本流程与一般合同订立的基本流程在理论上没有区别。但需要注意以下三点。

第一，专用名词的区别。国际贸易合同作为一项买卖合同，在法律性质上与我国《民法典》所规定的并没有太大的区别，但在进出口实务上，合同里的专用名词与《民法典》上使用的词汇有很大区别，如表1所示。

① 根据联合国国际贸易法委员会公布的资料，阿尔巴尼亚、亚美尼亚、白俄罗斯、智利、巴拉圭、俄罗斯、乌克兰7国不承认不要式合同。这些国家的法律通常对合同有较为严格的格式要求。

表 1　　国际贸易合同订立的相关术语对比

English	中文		
	《民法典》	CISG	进出口实务
contract for sale of goods	买卖合同	销售合同	—
offer	要约	发价	发盘
counter offer	新要约	还价	还盘
acceptance	承诺	接受	受盘

第二，询盘（询价）的重要性。从法律上讲，询盘并不是国际贸易合同订立的必要条件。询盘是在发出正式发价之前的一种预备，仅是当事人对订立合同的一种意向性表示。从法律上讲，询价中所作出的意思表示对当事人并没有法律意义上的约束，在一些面对面的国内交易中，不存在询价这一环节。但国际贸易则不同，这不仅是因为国际贸易的各方当事人处于不同的关税区，更是因为在国际贸易中一旦发生纠纷，地理、文化、法律的差异会让纠纷的解决变得异常复杂，所以国际贸易的当事人在订立合同时都会非常谨慎，通过询盘这种没有法律约束力的试探，可以充分避免因操作不当造成的合同误订立的问题。

第三，所订立的国际贸易合同是否具有法律效力并不是一定的。这一点比较难理解。因为一份已经订立的合同是否有效取决于所订立的合同的内容是否合法，如果合同里涉及交易的商品不合法，或者订立合同的过程中存在不合法行为，合同本身有可能是无效的。但问题在于国际贸易的各方当事人在不同的关税区，彼此所处的法律背景是不一样的，因此对于商品或者行为合法与否的判断就会因为其所适用的法律不同而变化。如依照包括我国在内的相当一些国家的法律，大麻是一种毒品，但在欧洲一些国家则不然，那么涉及大麻交易的合同或者条款是否有效就取决于合同所适用的法律了。

上文提到，国际贸易合同具有诺成合同的性质，也就是说，国际贸易合同的订立需要双方当事人的意思表示完全达成一致。这个过程与一般合同的流程中包含要约承诺一样，只是在国际贸易实务上，更习惯被称为发盘或还盘。

图 1 为一份发盘的样本，其中包含了有关交易商品的“种类、数量、价格、装运、检验、保险、包装、唛头”等相关条件。需要注意的是，并不是所有发盘都会具备这些条件，在 CISG 上一份“一个或一个以上特定人发出的、内容确定（明确了交易商品、数量、价格）的交易提议”就构成一份发盘。另外，鉴于国际贸易合同的不要式合同性质，发盘不仅内容上没有特别规定，就连形式也没有，只要符合上述定义的哪怕是口头上的意思表示，都能形成一份具有法律约束力的发盘。

CHINA HUIDONG CORPORATION
Kejiaoxincheng, Changxin-road, Zhangjiagang, Jiangsu, China
Tel: 86-512-0000000, Fax: 86-512-1111111, Homepage: www.huidong.com.cn

Offer Sheet

Mr. KS Park　　Offer No. : CJC2017-10-1234
President of Konkuk Trading Corporation　　Date : October 01, 2017
120 Neungdong-ro, Gwangjin-gu, Seoul, Korea

Dear Sir
We are pleased to offer the under-mentioning articles as per conditions and details described as follows.

Description of Goods : Jeans (Item No. : HD-8812)
Quantity : 2,000 pcs
Price : USD 30 / pc CIF Incheon port
Shipment : Within 30 days after receipt of your Letter of Credit
Inspection : Seller's inspection is to be final
Insurance : Seller to cover the invoice price plus 10% against ICC(C)
Validity : November 01, 2017
Shipping port : Shanghai, China
Packing : Export Standard Packing
Mark : Each carton box baring the mark "KU" in diamond with port mark
Remark : Minimum order is to be 100 pcs per size

Looking forward to your valued order for this offer.

Yours faithfully
China Huidong Co.
Yuming Weng CEO

图 1　发盘样本

同样，被发盘人在接到一份具有法律约束力的发盘之后需要就各项交易细节进行检验，在实务中，被发盘人直接对发盘内容表示同意的情况较少。被发盘人修改发盘的内容，并将修改后的发盘发给发盘人，这个行为视为“对原发盘的拒绝，并发出一份新的发盘”。这种新的发盘被称为还盘。与国内交易一样，还盘的过程可能会有多轮反复，直到某一次被发盘人完全同意发盘的内容。对发盘内容的同意被称为还盘。

对于受盘，国际贸易中明确了“对原来发盘附带有非实质性修改的同意视为一种受盘”。但是对于这种附带了非实质性变更的同意意思表示，原受盘人可以明确拒绝，如果没有在合理的时间内作出拒绝的意思表示，合同即订立。同样，在国际贸易中也没有对何为“非实质性变更”进行定义。但 CISG 上明确了对于“价格、付款方式、货物质量、数量、交货时间、地点、当事人之间的责任划分、纠纷解决方案”等的变更为实质性变更。因此，采取排除法我们可以认为，除此之外的对于发盘的变更是一种“非实质性变更”。

2.2.3 国际贸易合同的履行和准据法

（1）国际贸易合同的义务履行

在进出口实务中，一份合同的订立意味着双方当事人对彼此具有一定的合同义务。具体如表 2 所示。

表 2　　国际贸易中双方当事人的合同义务

卖方义务	买方义务
向买方移交商品	向卖方支付价款
向买方移交与货物相关的一切单据	接收卖方移交的商品
向买方移交商品所有权	

资料来源：CISG。

从表 2 可以看出，在一次进出口交易中，卖方具有移交商品、移交单据、移交所有权三项义务；买方具有支付价款、接收商品两项义务。在双方当事人的义务中，需要注意以下几点：

卖方义务中有移交商品和移交所有权两项，这就意味着商品的移交并不意味着所有权的移交。这点与面对面进行的国内贸易具有很大区别。我国民法规定，动产①的所有权自财产交付起发生转移，这里的财产交付即国际贸易卖方义务中的移交商品，即对于商品控制权的转移。之所以面对面的国内交

① 不动产不是商品贸易所交易的商品范畴，因此本书不讨论不动产的情况。

易可以让对商品的控制权的转移和商品所有权的转移相互重合，是因为在面对面的交易中，商品自脱离卖方的控制之后，直接就进入了买方的控制。这中间不存在任何间隙。但国际贸易则不同，双方当事人分别位于不同的关税区导致了双方在交易中几乎不会有面对面的机会。双方在订立合同之后，合同的履行无一不依靠包括银行、保险公司、物流公司在内的第三方当事人。这样一来，商品在脱离卖方的控制之后并没有直接进入买方的控制，也就是说在国际贸易中，商品的所有权与控制权总有发生分离的时候。另外，正因为有第三方的介入，双方当事人在履行合同义务的时候，有一部分义务会依赖于第三方来完成，这时为了有效证明依赖于合同外的第三方来履行的义务被顺利完成，通常会有一些书面证明材料，这些材料就是国际贸易中必不可少的单据（documents）。而为证明自己已经履行了合同中的义务，卖方也需要将这些与商品相关的单据移交至买方。

买方义务中，支付价款的义务是一个常识性的问题，但这里需要注意接收商品也是买方的一个义务。在通常意义上来讲，接收货物是买方应有的权利，这样的理解并没有问题，但接收商品既是权利也是义务。这也是国际贸易的特征所带来的结果。根据 CISG 的规定，买方需要履行的接收商品的义务由两个方面组成。首先，由于国际贸易伴随的跨境运输，无论是在物理层面还是法律法规层面，商品由一个关税区进入另一个关税区都具一定困难。作为最终商品所有权的取得人，买方应该为商品的顺利交付提供协助。另外，由于国际贸易里存在商品所有权与控制权分离的情况，尤其是商品从卖方交付承运人时起，无论此时此刻的所有权在何处，商品的控制权便在承运人手中。因此买方应该在可以接收商品之后就尽快接收商品，以保证商品得到更好保全。

（2）国际贸易合同的准据法（CISG）

上文提过，在涉外民事关系中选取各方当事人都能接受的准则十分重要。国际贸易是一项典型的涉外商事关系。在这项关系中，作为当事人的双方成长环境中心的商业惯例和法律法规截然不同，这就导致了当事人之间对于同一件事情会有不同的理解。一般来说，国际贸易中的任何一方当事人都不希望选取一个自己完全不熟悉的法案作为交易中事项的判断标准。国际贸易中的当事人是商人，并非法律专家，他们或许能熟知自己国家的法律法规，但对合同中的其他当事人国家的法律法规、商业惯例极有可能不熟悉。因此，在国际贸易中选取其他当事人国家的法律作为合同的准据法是十分不恰当的。但问题在于，国际贸易中的所有当事人都抱有相同想法的时候，合同是无法订立的。如在中美交易中，我国企业要求使用《民法典》作为准据法，而美方企业要求使用《美国统一商法典》作为准据法，双方都明白如果在准据法问题上向对方妥协会在交易中给自己带来极大不便，双方都会固执己见，这样一来合同就无法订立。

幸运的是，联合国国际贸易法委员会（United Nations Commission on International Trade Law）也充分认识到此问题。在贸法会的努力下，于 1980 年维也纳召开的外交会议上各国代表通过了《联合国国际货物销售合同公约》。自此以后，所有 CISG 缔约国之间，缔约国与非缔约国之间，甚至是非缔约国之间的商品贸易都可以采取一部相对中立的法案作为交易的准据法。我国是全世界较早缔结 CISG 的国家之一，而我国的主要交易对象国也均是 CISG 缔约国，因此可以粗略地认为，我国企业在进行进出口业务的时候，CISG 就是我国企业订立合同的准据法。

从合同订立和履行的角度看，关于 CISG 有以下几点需要注意：第一，适用问题。根据我国民法所规定的国际私法规则，我国的私人与国外私人间发生的民事关系，优先适用于我国政府所缔结的国际条约。也就是说，我国企业与另一个 CISG 缔约国企业发生的进出口业务中，CISG 将比《民法典》更为优先适用。另外，由于 CISG 明确了尊重当事人意思自治的原则，因此即使我国企业与一个非 CISG 缔约国企业发生进出口业务，只要双方在合同中写明 CISG 作为合同的准据法，CISG 同样适用。还有一点需要注意的是，我国内地（大陆）企业与港澳台企业之间进行国际贸易的时候，CISG 是否能适用的问题。从结论来看，这一问题尚存在法理层面的争议。因此如果我国内地（大陆）企业与港澳台企业进行交易的时候，需要特别注意准据法问题。第二，根本违约问题。根据 CISG 的规定，“如果一方当事人违反合同，以至于实际剥夺了另一方当事人通过合同可以期待的东西”，就构成根本违约。当一方当事人发生根本违约的时候，另一方当事人就享有解除合同的权利。因为根本违约的概念在我国的法律上是没有的，所以我国企业在使用 CISG 的时候需要特别注意。第三，CISG 上的法律空白。CISG 虽然是一部重要的有关国际贸易的国际公约，但其本身就有很多缺陷，在相当多的问题上存在法律空白。造成这些问题的原因通常有两个方面。首先是 CISG 在制定之初，为了让更多的联合国会员国加入，融合了普通法系、民法系，甚至是苏联社会主义法系的法学观点，这就导致了在协商的时候，贸法会对各国存在争议的问题采取了回避的态度。另外，CISG 制定至今已经近 40 年了，对于今天出现的一些贸易现象是当初没有考虑到的。因此，在进出口实务中，也有选取双重准据法的情况出现。如合同上有“本合同的订立、履行等遵循于《联合国国际货物销售合同公约》和中华人民共和国法律”条款的时候，对于 CISG 上出现空白的地方，将援引我国的相关法律进行处理。

另外需要注意的是，准据法虽然是对合同进行解读的重要原则，但并非第一原则或最高原则。作为一种私人之间的商业交易，国际贸易在性质上是一种私法行为。

2.2.4 国际贸易合同的订立形式

从理论上讲，作为“不要式合同”，国际贸易合同的订立是不需要特定形式的。但不可否认，在实务上使用书面形式[①]订立合同仍然是主流的商业惯例。在实务中，合同订立是一方面，更重要的是在合同履行过程中当事人之间的制衡，口头合同在法律上具有与书面合同同等的效力，但当事人在行使权利时，一旦遭到另一方当事人的拒绝，就负有举证责任，这并不是一件容易的事情。因此使用书面形式订立合同，能充分保证当事人之间所商定的合同细节有据可查。

在进出口实务中所订立的书面合同中，依据交易形式的不同，通常情况下可以分成两种订立形式。

---

① 在今天的理解中，“书面”不仅指“纸面”，还包括了电子数据形式的一切能起到与传统“纸面”相同目的的一切形式。《民法典》将“书面”定义为“可以有形地表现所载内容的形式”，其中包括了合同书、信件、电报、电传、传真等。

第一，单笔交易合同订立（case by case contract）。单笔交易合同订立是国际贸易中较普通的一种形式。这种形式订立的书面合同的最大特征是内容详尽。订立合同的各方当事人会将可能涉及的交易细节都写进合同。而所订立的合同也只是针对单笔的交易，当交易结束之后，所订立的合同自然消灭，如果双方当事人之后发生其他后续交易，新的合同也需要重新协商。

第二，主交易合同订立（master contract）。主交易合同订立是在各方当事人之间存在长期交易关系时使用的合同订立形式。在现实中，当事人之间的交易关系有可能是一种长期维持的状态，在这种关系存续期间会发生多次的交易。虽然从法律上讲每笔交易都是独立的，但当事人之间在长期交易中所形成的商业惯例却是相对固定的。那么在这种情况下，为节约协商合同所需的成本，各方当事人可以订立一项长期协议，在这项协议的有效期内所订立的所有合同细节都服从于这项协议，之后的每次交易只需要协商基本事项即可。

国际贸易的一般协定示例

Agreement on General Terms and Conditions of Business

This Agreement entered into between Konkuk Trading Co. Seoul, Republic of Korea (hereinafter called to as the Buyer), and Huidong Co. Zhangjiagang City, China PR. (hereinafter called to as the Seller) witness as follows;

1. Privity: Both Seller and Buyer shall act as Principal and not as Agent.

2. Quality: Goods sold on sample shall be warranted by the Seller to confirm about equal to the sample upon arrival at destination.

3. Quantity: Weight and Quantity determined by the Seller, as set forth in shipping documents, shall be final.

4. Prices: Unless otherwise specified, prices shall be quoted in U. D. dollars on CIF Inchon port.

5. Firm Offers: All firm offers shall remain effective for a week including the day cabled. Sundays and national holidays shall not be counted as days.

6. Orders: Except in cases where firm offers are accepted all order shall be subject to the Seller's final confirmation.

7. Packing: Proper export wooden case packing shall be carried out, each case bearing the mark KU with port mark, running case number, and the country of origin.

8. Payment: Draft shall be drawn at 30 d/s under irrevocable Letter of Credit which shall

be opened in favor of seller immediately including Bill of Lading, Insurance Policy, Commercial Invoice and other documents with each contract requires.

9. Shipment: Shipment shall be made within the time stipulated in each contract. The date of Bill of Lading shall be taken as conclusive proof of the day of shipment. Unless expressly agreed upon, the port of shipment shall be at the Seller's option.

10. Marine Insurance: All shipments shall be covered on All Risks including War Risks and S. R. C. C for the invoice amount plus 10 percent. All policies shall be made out in U. S dollar and claim payable in Seoul.

11. Force Majeure: The Seller shall not be responsible for the delay in shipment due to force majeure, including mobilization war, strikes, riots, civil commotion, hostilities, blockade, requisition of vessels, prohibition of export, fires, floods, earthquakes, tempest and any other contingencies, which prevent shipment within the stipulated period. In the event of any of the aforesaid causes arising, documents proving its occurrence or existence shall be sent by the Sellers to the Buyers without delay.

12. Delayed Shipment: In all cases of force majeure provided in the Article No. 11 the period of shipment stipulated shall be extended for a period of twenty – one (21) days. In case shipment within the extended period should still be prevented by a continuance of the causes mentioned in the Article No. 11 or the consequences of any of them, It shall be at the Buyer's option either to allow the shipment of late goods or to cancel the order by giving the Sellers the notice of cancellation by cable.

13. Claim: Claims, if any, shall be submitted by cable within fourteen (14) days after arrival of goods at destination. Certificates by recognized surveyors shall be sent by mail without delay.

14. Arbitration: All claims which cannot be amicably settled between Sellers and Buyers shall be finally settled by arbitration in Beijing, China in accordance with the CCPIT and under the Laws of China. The award rendered by the arbitrator (s) shall be final and binding upon both parties concerned.

15. Trade Terms: Unless specially stated, the trade terms under this contract shall be governed and interpreted by latest Incoterms 2010.

16. Governing Law: This agreement shall be governed as to matters including validity, construction and performance under and by *United Nations Convention on Contracts for the International Sales of Goods* (1980) .

This Agreement shall be valid on and after September, 4th, 2017.

BUYER	SELLER
Konkuk Trading Co.	Huidong Co.

如上述示例，韩国建国贸易（Konkuk Trading）与我国汇东公司（Huidong Co.）之间采用主交易合同订立的方式订立了一项协议。该协议中明确了商品品质、不可抗力、准据法等16项议定事项。该协议自2017年9月4日生效。那么，如果建国贸易与汇东公司在2017年9月4日之后发生交易所订立的合同里没有与上述协议相抵触的条款，上述协议里的议定事项将自动适用。

在现今的国际贸易中，从商业的角度看，维持一段长期且良好的商业关系至关重要。因此，采取主交易合同订立方式订立的书面合同越来越常见。

参考文献

[1] 贾平. 国际贸易标准合同的发展趋势［J］. 兰州学刊，2002（6）：75－76.

[2] 曾冠. 国际电子合同法的统一——《国际合同使用电子通信公约》评析［J］. 政法论丛，2007（1）：81－86.

[3] 焦麦青，王志生. 国际贸易中的拒收权问题研究［J］. 现代财经——天津财经学院学报，2002，22（8）：48－51.

[4] 刘文. 我国国际货物买卖合同形式问题探析［J］. 当代法学，2001（1）：42－44.

[5] 周立胜. 论《国际商事合同通则》的适用［J］. 国际贸易问题，2004（1）：91－96.

[6] 袁翔珠. 论国际电子商务合同的法律适用［J］. 国际贸易问题，2003（2）：62－65.

3　国际贸易定型化

在国际贸易中，除了恶意欺诈，双方当事人在商业惯例上的差异是最大的纠纷来源。因为在这类纠纷中，双方当事人都不会认为自己存在过错。事实上，因商业惯例差异而造成的纠纷很难判断对与错。如A国的惯例中，涉及运输交易中的运费通常使用到付的形式进行支付，而B国的惯例中，运费是采用预付的形式进行支付。那么A国卖方与B国买方之间的交易就极有可能产生纠纷。因为，A国卖方依据本国的惯例是不会支付运费的，B国买方需要在商品到达后向物流公司支付运费，但这并不符合买方对交易的期待。

从合同的角度看，当双方当事人未明确交易细节的时候，应采取商业惯例作为合同的默示条款。问题就在于双方当事人彼此的商业惯例并不相同，因而，要减少国际贸易中因为双方的理解差异所产生的纠纷，弥合各关税区之间的商业惯例至关重要。对于各关税区商业惯例的统一，总部位于法国巴黎的国际商会（International Chamber of Commerce）作出了巨大贡献，在国际商会所制定的《贸易术语通则》（*International Commercial Terms*, *Incoterms*）之下，可以说国际贸易领域的商业惯例，基本达成了定型。另外，在CISG中也明确规定了“为国际贸易商人所熟知且广泛遵守”的商业惯例具有合同的约束力，这也赋予了《贸易术语通则》合同条款的效力。

3.1 《贸易术语通则》的制定逻辑与使用规则

3.1.1　《贸易术语通则》的制定逻辑

相比国内贸易，国际贸易最大的争议在于以下两点：

第一，卖方何时完成交货义务。因为商品在脱离卖方控制之后，买方并不能立即控制商品，商品的控制权将在一段时间内属于物流公司。那么在商品进入物流公司控制的时候，是否能看成卖方已完成交货义务就存在争议。这里还衍生出另一个问题：如果商品在物流公司的控制之下，由于物流公司的过失造成了商品的损失，物流公司应当为商品的损失负责。但在这种情况下，卖方寄期望于买方先支付价款，再由买方去向物流公司追偿，因为在卖方看来，自己已经将符合合同约定的商品交付运输了。相反站在买方的立场，买方更期望于免除自己的支付价款义务，毕竟自己并没有收到与合同约定相符的商品。

第二，跨境交易所带来的商品移动过程中产生的附加费用该由谁来承担。从我国《民法典》的立场和 CISG 的立场上看，又或是从常识的角度看，买方都应该支付商品的价款，但法律并没有规定价款的构成。当卖方报出一个价格的时候，这个价格自然包含了商品本身的价格，但是否包含了的相关物流费用、保险费用、关税等就存在争议。因为在商品的跨境移动过程中，商品本身的成本会随着商品的移动而增加。例如，我国西部内陆地区某出口企业与美国内陆某州进口企业的交易中，商品的成本会随着商品从我国内陆到港口城市（国内运输费），再由我国港口城市到美国港口城市（国际运输），最后到达美国内陆地区交货地点（美国国内运费、商品关税），商品的成本会一路上升。那么如果双方当事人不能对合同中商品报价的价格构成达成一致，纠纷就在所难免。

使用国际商会制定的《贸易术语通则》可以轻松解决上述问题。要正确使用《贸易术语通则》应先了解以下逻辑。在所有的进出口实务中，商品都是由卖方的营业地（工厂）流向买方的营业地（工厂）。在商品的移动过程中，卖方工厂、出口国运输终端、进口国运输终端、买方工厂都是不可避免的节点。无论是在进口国还是出口国，工厂与运输终端之间都由国内运输连接的，而进口国与出口国的运输终端之间则由国际运输所连接。整个流程可以简单用图来描述。

如图 1 所示，如果双方当事人在交易前约定以商品移动的某一个节点作为卖方交易的地点和附加费用的分界点，就可以回避纠纷。如约定出口国运输终端为卖方完成交货义务的分界点，那么只要卖方保证商品在到达此点时

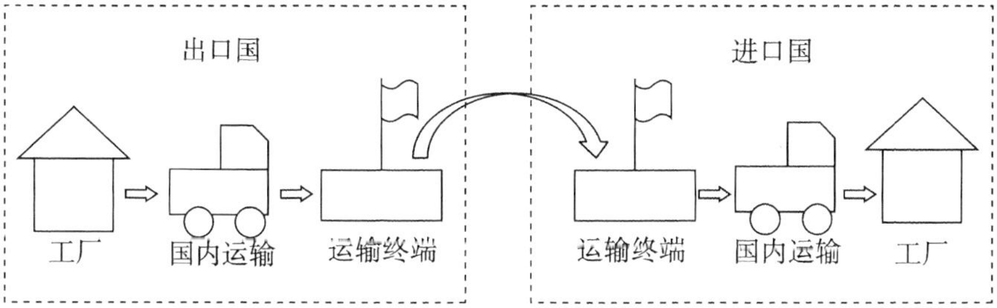

图1　国际贸易的商品移动流程

是符合合同要求的，即完成交货义务。换句话说，在这种情形下，如果商品在出口国的国内运输中发生损失，那么买方可以因这种损失免除自己的一部分或者全部支付价款义务。但损失发生在国际运输的过程中，此时商品已经越过分界点，卖方的交货义务已经完成，买方就必须支付合同里规定的价款。至于货物的损失，在确定是物流公司的过失造成之后，买方可以向物流公司进行追偿。这种卖方完成交货义务的节点称为风险转移点，因为商品在通过此节点之后，卖方完成自己的交货义务的同时，商品发生损失的风险也将由买方来承担。

双方当事人可以确定与风险转移点相同或不同的节点来分割附加费用的承担。如果同样以出口国的运输终端来切割费用的负担，那么在商品到达出口国运输终端之前所发生的一切费用都应该由卖方承担，在此之后所发生的费用则由买方承担。这样一来，合同里所议定的价格则包括了出口国的国内运输费用，而不包括国际运输费用和商品到达进口国之后的国内运输费用和关税。

3.1.2　《贸易术语通则》的使用规则

根据国际商会的要求，《贸易术语通则》上的每一个术语由“三个大写英语字母”“地名”组成。字母代表不同的术语，而紧随其后的地名则是费用的分界点。如“FOB, Shanghai port”的意思是卖方需要将已经完成出口报关的商品装运到某一艘停泊于上海港的船上，当商品完成在上海港的装船之后，卖方的交货义务即完成。而“Shanghai port”意味着商品在上海港之后所发生的所有费用，包括到达进口国港口的运费、进口国海关关税、进口国国内运费等均由买方承担。在使用《贸易术语通则》的时候应该注意以下三点。

第一，熟知每一条术语。这一点看似简单，却是极容易发生误会的地方。在我国大量国际贸易实务相关的教材和文献中都提出一个观点，即将《贸易术语通则》里的术语分为常用术语和非常用术语，这种分类是极其错误的。首先，国际商会并没有指出哪一条术语是常用的，所有的术语在法律上具有同等的地位。另外，术语的选择是双方当事人协商的成果，并以合同默示条款的身份适用于合同的履行，没有任何保证所谓的“常用术语”会被双方选用。如果当事人在协商中处于弱势地位，① 而对方当事人又坚持使用所谓的“非常用术语”，当事人是不可能用“不熟悉”“不知道”的理由来回避责任的。②

第二，《贸易术语通则》里的所有术语均可根据交易中的实际情况加以变形。虽然《贸易术语通则》作为国际贸易中常见的，且为各方当事人广泛接受并遵守的商业惯例，其本身具有约束力，但这种约束力是一种默示的约束力，即默示条款。也就是说，只要交易的当事人同意就某一术语进行变形，这样的做法是被允许的。如“FOB Shanghai，Incoterms® 2000”项下的交易，原则上卖方保证货物在越过船舷之时符合合同即可（船舷为风险分界点），但鉴于船舷的概念极其模糊，只要双方在合同里注明“FOB Shanghai，Seller deliveries when the goods have been shipped on board，Incoterms®2000”，此时风险分界点将由“越过船舷”变为“商品装载于船上”。

第三，使用《贸易术语通则》需要在合同里做好标注。按照国际商会的要求，术语的使用应该是“术语 + 地名”，这里的地名应该是准确的地名。如“EXW No. 8，Changxinzhong – Road，Zhangjiagang – City，Jiangsu，China P. R. ，

---

① 从合同订立的理论来讲，合同订立的各方当事人是具有平等身份的主体，但这不意味着各方当事人的力量对等。如在卖方市场中，卖方具有绝对的优势，最终议定的合同条款必定会有利于卖方；反之亦然。

② CISG 要求“知道或理应知道”的商业惯例具有约束力，无论《贸易术语通则》中的所谓“非常用”术语是否为当事人所知悉，也是属于“理应知道”的，因此具有和所谓“常用术语”一样的法律约束力。

Incoterms® 2010”，但这样书写略显繁杂，在进出口实务中通常只会书写到城市或运输终端，如“FCA Shanghai Pudong Airport, Incoterms® 2010”或“EXW Shanghai, Incoterms® 2010”。另外，《贸易术语通则》的版本有很多，除了国际商会颁布的《贸易术语通则》，还有类似《美国对外贸易定义》等其他统一商业惯例的存在，加上并没有任何规定要求必须使用最新版的《贸易术语通则》，因此在使用《贸易术语通则》的时候，应该清楚地加上所使用的《贸易术语通则》的版本。

3.2 不同版本的统一商业惯例

迄今为止，在进出口实务中使用的统一商业惯例有很多。尤其统一商业惯例具有的默示条款的性质，加上在私法领域的当事人意思自治原则，这些被使用过的统一商业惯例都是有效的。只要国际贸易中的当事人同意，可以选择任何一个版本的统一商业惯例来约束当事人的行为。但在现实中国际商业的《贸易术语通则》是最常被选择的。从研究的便利性和实用性出发，本书仅对2010版《贸易术语通则》（Incoterms® 2010）、2020版《贸易术语通则》（Incoterms® 2020）与《修订美国对外贸易定义》进行讨论。

3.2.1 2010版《贸易术语通则》

（1）概述

2010版《贸易术语通则》是国际商会于2010年在2000版《贸易术语通则》的基础上，弥补了使用中的一些模棱两可的问题之后的修订版，此版本于2011年正式生效。在2019年的2020版《贸易术语通则》公布前，2010版是最新的一代版本。即使在2020版《贸易术语通则》生效之后，在一段时间内，2010版《贸易术语通则》在实务上也具有相当高的使用比率。

在此版本中，国际商会充分考虑过往版本的《贸易术语通则》在实际使用过程中存在的一些问题，并结合多式联运发达之后的物流便利性进行了诸多改变。相比之前版本的《贸易术语通则》，2010版本有以下三点改变。

第一，充分考虑多式联运的便利性。首先，在2010版本中创新性地将所有的术语分为“不限运输方式组”（rules for any mode or modes of transport）与“海上或内陆水运组”（rules for sea and inland waterway transport），并且在术语排序的时候将“不限运输方式组”排列在前，并明确建议交易当事人使用此类术语。另外，考虑采取多式联运之后，国际贸易中越来越多采用了“门对门交易”（door to door），国际商会在2010版本中引入了DAP（delivered at place）和DAT（delivered at terminal）两个全新术语。

第二，将《贸易术语通则》的使用范围拓展到国内贸易。如上文所述，《贸易术语通则》的英文全称为“international commercial terms”，因此《贸易术语通则》在原则上也只用于国际贸易中。但事实上，在一些包括我国在内的领土广大的国家里，国内各地域之间的交易已与国际贸易相差无几。虽然这类国内贸易谈不上当事人之间的商业惯例差异，但依然存在商品的长途运输问题。为帮助此类国内贸易的顺利进行，2010版《贸易术语通则》的英文名称定为了“2010 ICC Rules for the use of domestic and international trade terms”。

第三，剔除了一些模棱两可的概念。2010版之前的《贸易术语通则》中存在一些看似公平，实则模糊的概念。最有代表性的是在FOB、CFR、CIF术语中将风险分界点视为船舷，从理论上看，船舷代表了运输工具的内外分界，以此为风险分界点很公平，但在进出口实务中既难操作，又容易发生纠纷。如在商品吊装的过程中商品坠落，正好砸到船舷之上的责任划分问题；因卖方的吊装不牢，导致货物坠落砸到船舷内侧等。

（2）内容

《贸易术语通则》里的所有术语都是国际商会在考察各国进出口实务之后，并从法理层面进行规范后的统一规则，也就是说要真正完全理解《贸易术语通则》，彼此可回到法律层面。从法律层面理解《贸易术语通则》十分重要，但这脱离了本书的核心。本节仅从实务层面对2010版《贸易术语通则》的各项术语进行浅析。

> ① *"Ex Works (EXW)" means that seller delivers when it places the goods at the disposal of the buyer at the seller's premises or at another named place (i. e., works, factory, warehouse, etc.). The seller does not need to load the goods on any collecting vehicle, nor does it need to clear the goods for export, where such clearance is applicable.* ①

EXW 术语在中文语境中被称为“工厂交货”。在此术语下，卖方仅需在自己的营业场所，在商品“未装运”和“未通关”的情况下将商品交付买方控制即可。但在进出口实务中，买方亲自到卖方工厂接收商品的情况是很少的。一般情况下，买方的代理人（包括货代）会代替买方前往卖方工厂接收商品，这时候如果卖方不协助对商品进行通关和装运可能会延迟商品的出口。因此在实务中使用“EXW loaded”或者“EXW cleared for export”变形的情况不在少数。

从理论上看，标准的EXW 术语甚至谈不上是一个国际贸易交易所使用的术语，因为当商品的控制权由卖方移转到买方（或其代理人）控制之时，商品尚未完成出口，② 若买方之后在出口国就将该商品使用或者转卖，整个交易就算不上是一次国际贸易。甚至在 2010 版《贸易术语通则》的说明（guidance note）中，国际商会就明确指出了 EXW 术语更适合于国内贸易，并建议在国际贸易中，尽量不使用 EXW 术语。

理论上，标准的 EXW 术语的风险与费用分界点均为商品交付时。在此术语语境下，卖方所报出的价格应该包括“商品的制造成本、合理的利润、出口包装成本、商品交货前的质检所需成本”等。与此同时，卖方还需要承担商品至完成交付之前发生损坏的一切风险。自商品完成交付之后的所有风险，以及所产生的一切费用支出，均由买方负责。

---

① 有关《贸易术语通则》以及其他相关贸易惯例的英文，均取自各项惯例的原文，下同。

② “出口”一词的定义，可以有两种层面的理解：一是当商品从本国移出；二是本国商品的外国化。第一种定义是一种物理性质上的定义，以商品所处的地点变化为出口的象征。第二种定义是一种海关法层面的定义，以海关受理该商品的出口申告为出口的象征。在标准的 EXW 术语下，商品在出口国卖方营业场所，以未报关的状态进行交易，无论是哪一种出口的定义下，商品完成交易时都没有完成出口。

例："EXW Zhangjiagang city, Incoterms® 2010"，表示卖方将在自己位于江苏省张家港市的某一约定工厂向买方交付"未装载、未通关"的商品。

② *"Free Carrier (FCA)" means that the seller delivers the goods to the carrier or another person nominated by the buyer at the seller's premises or another named place. The parties are well advised to specify as clearly as possible the point within the named place of delivery, as the risk passes to the buyer at that point.*

FCA 术语在中文语境中被称为"货交承运人"。此术语要求卖方将商品在"已通关"的状态下，在自己的营业场所内或者其他指定地点将商品交给买方指定的承运人或者其他第三者，以此完成商品的交付义务。由于商品在交付的时候已完成出口申报，从海关法的层面来看商品已经处于一种外国商品的状态，此时商品在出口国进行流通的概率并不大，[①] 因此国际商会明确表达了相比 EXW 术语，在国际贸易中更适合使用 FCA 术语的愿望。

从上述英文表述中可以看出，FCA 术语在实务上可以有两种情况：一是"the seller delivers the goods to the carrier or another person nominated by the buyer at the seller's premises"；二是"the seller delivers…at another named place"。从原文上可以看出，这两种不同情况下的风险与费用的分界点是完全不一样的。第一种，即在卖方营业场所交付商品的情况下，卖方需要将商品完成出口申报，且将商品装载至买方所指定的运输工具上。这种情况下，卖方所报出的价格是包括"EXW 价格的基础上，加上出口申报的所需费用和装载商品所需费用"，此时由于商品要在完全装运之后卖方才能完成交付商品的义务，因此商品装运时发生的损坏也需要由卖方负责。第二种，即在指定的其他地点交付商品的情况下，卖方需要自备运输工具将已完成出口申报的商品运至该指定地点，但在运输工具到达指定地点之后，卖方不必将商品卸下。换句话说，在这种情况下，买方（或其代理人）需要将商品从卖方的运输工具上装卸至自己的运输工具上，其间发生的费用与风险由买方负担。

---

① 需要注意的是，即使商品已经完成了出口报关，但仍然可以在本国的保税区进行保管，或者在保税工厂进行加工。

例："FCA ××warehouse Zhangjiagang, Incoterms® 2010"，表示买方需要指派运输工具前往位于张家港的××仓库（卖方营业场所），而卖方需要将已完成出口申报的商品装运至指定的交通工具上。"FCA Zhangjiagang port, Incoterms® 2010"，表示卖方需要自备运输工具将已完成出口申报的商品运至张家港的港口，到运输工具达到张家港的港口时，卖方即完成交付商品的义务，买方（或其代理人）需要将商品从卖方的运输工具上卸下，并装载至自己的运输工具之上。

> ③ *"Carriage Paid To (CPT)" means that the seller delivers the goods to the carrier or another person nominated by the seller at an agreed place (if any such place is agreed between parties) and that the seller must contract for and pay the costs of carriage necessary to bring the goods to the named place of destination.*

CPT术语在中文语境中被称为"运费付至"。此术语要求卖方在出口国的指定地点将商品交付指定的承运人以完成自己的交付商品的义务。从这个方面来看，CPT术语与FCA术语极其相似。为方便理解，可以将CPT术语看成在FCA术语基础上，卖方义务的延伸。因为在FCA术语下，卖方将商品交付至指定承运人之后，费用与风险同时移转至买方，但在CPT术语下，除了FCA术语下的费用，卖方还需承担商品自装运之后运至目的地的运费。

关于CPT术语需要关注两点：一是风险分界与费用分界不一致的问题。在CPT术语下的交易中，卖方将商品交付承运人运输即完成自己交付商品的义务，换句话说，在交付之后的运输过程中产生的一切风险需要买方承担，即风险分界点在出口国卖方交付商品之时。但卖方需要支付商品运输至进口国指定地点的运费，即费用的分界点在进口国指定地点。二是使用CPT术语的时候，所标明的地点是指进口国指定地点。这与之前介绍的术语是截然不同的，EXW术语和FCA术语里所标明的地点是出口国某一地点，CPT术语则不然。另外，由于卖方支付了商品运输的运费，所以在实务上，使用CPT术语的时候，承运人通常由卖方去选择，当然在一些情况下卖方也会与买方协商承运人的选择问题，但最终仍会由卖方去与承运人缔结运输合同。

例："CPT New York City, Incoterms® 2010"，表示卖方需要在出口国将商

品交付承运人运输，当承运人接收商品的同时，买方开始承担商品损坏带来的损失，但卖方需要将商品的运费提前支付给承运人。

> ④ "*Carriage and Insurance Paid to* (CIP)" *means that the seller delivers the goods to the carrier or another person nominated by the seller at an agreed place* (*if any such place is agreed between parties*) *and that the seller must contract for and pay the costs of carriage necessary to bring the goods to the named place of destination.*
>
> *The seller also contracts for insurance cover against the buyer's risk of loss of or damage to the goods during the carriage. The buyer should note that under* CIP *the seller is required to obtain insurance only on minimum cover. Should the buyer wish to have more insurance protection, it will need either to agree as much expressly with the seller or to make its own extra insurance arrangements.*

CIP 术语在中文语境下被称为"运费、保险费付至"。此术语要求卖方将已完成出口申报的商品交付第一承运人之后，还要预付商品运至进口国指定地点的运费，以及为运输过程中的商品投保。与 CPT 术语类似，CIP 术语后所标明的地点也是进口国的指定地点。

从便于理解的角度，可以将 FCA 术语、CPT 术语、CIP 术语看作同一逻辑下的术语。因为它们在风险分界点上是完全一致的，即商品交付第一承运人。但三者在费用分界点上是不同的，FCA 术语的费用分界点与其风险分界点是一致的；在卖方立场上，CPT 术语的费用需要在 FCA 术语的基础上加上运费；而 CIP 术语的费用还要加上运输过程中的保险。这里有一个问题需要注意，CIP 术语下的交易中，当商品交付第一承运人之后，风险负担就转移至买方，但卖方需要为运输中的风险投保，换句话说卖方的投保行为是为了买方，而不是为了自己。[①] 因此在实务中双方当事人需要对投保的保险条款达成一致，否则卖方均会以保费最便宜的条件进行投保。

例："CIP Busan, Korea, Incoterms® 2010"，表示卖方需要在本国某地点将商品交付第一承运人，并向承运人支付商品从本国运至韩国釜山的运费，

① 简单来说，在 CIP 术语下的交易中，卖方为投保人（policy holder)，而买方为被保险人（assured)。

以及支付为对冲运输途中风险的保费。虽然运费和保费由卖方支付，但在运输途中商品发生损坏（无论是否算作保险事故），均不能免除买方的支付义务。

> ⑤ "*Delivered at Terminal (DAT)*" *means that the seller delivers when the goods, once unloaded from the arriving means of transport, are placed at the disposal of the buyer at a named terminal at the named port or place of destination.* "*Terminal*" *includes a place, whether covered or not, such as a quay, warehouse, container yard or road, rail or air cargo terminal. The seller bears all risks involved in bringing the goods to and unloading them at the terminal at the named port or place of destination.*

DAT 术语在中文语境下被称为"运输终端交货"。此术语要求卖方需要自行将商品运至进口国指定地点，在进口国指定地点以"卸货，但未完成进口申报"的状态交付买方。这里有两个问题需要注意：首先，商品从出口国到进口国的整个过程都由卖方负责，那么在选择运输工具的问题上也是卖方的自由。事实上，在 DAT 术语下买方只需要关心商品在进口国指定地点交给自己，至于商品是通过何种形式到达的并不重要。但是这并不意味着卖方可以一味地选择成本较低的运输方式。根据 CISG 的要求，[①] 卖方具有选择"通常的、合适的"运输方式对商品进行运输的义务。因此，虽然 DAT 术语下卖方有选择运输方式的自由，但仍需要考虑商品的特性。

另外，DAT 术语并不强制任何当事人为商品在运输途中投保。因为商品需要在进口国指定地点交付买方，那么买方无须对商品在运输途中的损坏担忧，即使商品不慎损坏，其责任也在卖方；而从出口国运至进口国的过程中，商品的控制权在卖方手中，[②] 卖方如果选择投保，也是为了对冲自己承受的风险。基于这两个理由，DAT 术语下是否要对商品进行投保的问题完全可以交由当事人自行决定。但即便如此，投保仍是一个相对明智的决定。

---

① CISG 第 32 条第（2）款：如果卖方有义务安排货物的运输，他必须订立必要的合同，以遵照通常运输条件，用适合情况的运输工具把货物运到指定地点。

② 严格地讲，在运输途中承运人持有商品的控制权，由于 DAT 术语的交货是在商品到达进口国指定地点之后，所以此时可以视为承运人代表卖方持有商品的控制权。

例：“DAT Paris France，Incoterms® 2010”，表示卖方需要从出口国，将商品以适合的方式运输至法国巴黎，并在指定的地点以“已完成卸货”的状态交付给买方。至于运输途中的风险是否需要依靠保险来对冲，卖方对此拥有决定的权利。但如果商品在运输途中不慎损坏，以至于无法正常交付买方，卖方将为此而负责。

> ⑥ *“Delivered at Place (DAP)” means that the seller delivers when the goods are placed at the disposal of the buyer on the arriving means of transport ready for unloading at the named place of destination. The seller bears all risks involved in bringing the goods to the named place.*

DAP 在中文语境下被称为“目的地交货”。此术语与 DAT 术语极其相似，同样要求卖方将商品以适合的方式运至进口国指定地点，在“做好卸货准备”（ready for unloading）的状态下将商品交付买方。与 DAT 术语相比，DAP 术语要求卖方是在“准备卸货”的状态下交货，而 DAT 术语要求卖方是在“已卸货”的状态下交货。除此之外，二者并没有其他区别。

例：“DAP Paris France，Incoterms® 2010”，表示卖方需要从出口国，将商品以适合的方式运输至法国巴黎，并在指定的地点以“未卸货”的状态交付给买方。

> ⑦ *“Delivered Duty Paid (DDP)” means that the seller delivers the goods when the goods are placed at the disposal of the buyer, cleared for import on the arriving means of transport ready for unloading at the named place of destination. The seller bears all the costs and risks involved in bringing the goods to the place of destination and has an obligation to clear the goods not only for export but also for import, to pay any duty for both export and import and to carry out all customs formalities.*

DDP 术语在中文语境下被称为“目的地完税后交货”。从便于理解的角度出发，此术语可以看成 DAP 术语的延伸。与 DAP 相同，在 DDP 术语下的交易中，卖方同样需要将商品从出口国以适合的运输方式运至进口国，以未卸货的状态交付买方。但不同的是，在 DDP 术语下卖方需要为商品办理进口申报的海关手续，并缴纳关税。因此，在 DDP 术语下，如果因为商品未能取得进口许可而造成无法完成报关，责任应由卖方承担。

例："DDP Paris France, Incoterms® 2010"，表示卖方需要从出口国，将商品以适合的方式运输至法国巴黎，并在指定的地点以“已经完成进口申报，但未卸货”的状态交付给买方。

⑧ "*Free Alongside Ship (FAS)" means that the seller delivers when the goods are placed alongside the vessel (e. g. , on a quay or a barge) nominated by the buyer at the named port of shipment. The risk of loss of or damage to the goods passes when the goods are alongside the ship, and the buyer bears all costs from that moment onwards.*

FAS术语在中文语境下被称为“船侧交货”或“船边交货”。此术语要求卖方将已完成出口申报的商品从自己的营业地运至船边即完成交货。这里有两个问题需要注意：首先，由于FAS术语中明确提到了“船边”，所以此术语只能在使用船舶的海运或者内陆水运的交易中使用。另外，“船边”是一个非常模糊的概念。因为如果是集装箱运输，商品在装入集装箱之后，送货人通常会在集装箱货运站（Container Freight Station，CFS），或者是集装箱堆场（Container Yard，CY）失去对商品的控制权，那么装有商品的集装箱何时能运到船边以完成交货是卖方无法控制的。不仅如此，在一些水深不足的码头，船舶可能无法完全靠岸，此时装运需要用到驳船（barge），在这种情况下“船边”又该如何去定义？为此，参考一些文献，我们可以对“船边”一词的模糊作出这样的结论：一些散装货物（bulk cargo）可以直接运至码头或者需要通过驳船装运的情况下，“船边”即指码头和驳船上，能被码头吊具（tackle）等装卸道具触及的地方。对于集装箱运输，由于卖方无法控制商品到达船边，为避免纠纷，国际商会建议使用FCA术语。

例："FAS Yangshan Port, Shanghai, Incoterms® 2010"，表示卖方需要将商品完成出口申报，并在上海洋山港将商品置于所要装运的船舶停泊的码头或者驳船之上，以完成自己的交货义务。在此之后买方将承担所有的费用与风险，包括在洋山港从码头（或驳船）转移到船舶上时的费用与风险。

> ⑨ "*Free On Board (FOB)*" *means that the seller delivers the goods on board the vessel nominated by the buyer at the named port of shipment or procures the goods already so delivered. The risk of loss of or damage to the goods passes when the goods are on board the vessel, and the buyer bears all costs from that moment onwards.*

FOB 术语在中文的语境下被称为"船上交货"。此术语与 FAS 术语相似，卖方同样需要将商品完成出口申报，并将商品从自己的营业地运至装运码头。但与 FAS 术语不同的是，FOB 术语下的交易中，卖方需要负担商品装载至船上，并承担此过程中所发生的一切费用与风险。同样，鉴于卖方无法掌控集装箱运输中的装运过程，国际商会同样建议在集装箱运输中使用 FCA 术语，而不是 FOB 术语。

这里有两点需要注意，在 2010 版《贸易术语通则》之前的版本中，FOB 术语下的风险与费用的分界点在商品越过船舷时，但这种规定太过抽象。因此在 2010 版《贸易术语通则》中，删除了船舷的概念，将风险与费用的分界点延后至商品完全完成装运之时。另外，虽然 FOB 术语在传统意义上是使用较为频繁的术语之一，但鉴于多式联运和集装箱运输的普及，FOB 术语的使用频率已经远不及以前。迄今为止，一些国际贸易实务相关文献中将 FOB 术语分类为常用术语，这种分类方法并不合理。

例："FOB Yangshan Port, Shanghai, Incoterms® 2010"，表示卖方需要将商品完成出口申报，并承担商品从自己营业地直到商品被装载至指定船舶之上为止的一切风险与相关费用。另外需要注意一点的是，FOB 术语的费用分界点在船舶之上，也就是说船舶从出口国出发直至进口国港口的运费由买方承担，那么通常情况下买方会与相应的物流企业订立运输合同，所以在选择 FOB 术语进行交易的时候，卖方应该及时与买方进行对接，以确定商品所需要装载至哪一艘船舶之上。

> ⑩ "*Cost and Freight (CFR)*" *means that the seller delivers the goods on board the vessel or procures the goods already so delivered. The risk of loss of or damage to the goods passes when the goods are on board the vessel. The seller must contract for and pay the costs and freight necessary to bring the goods to the named port of destination.*

CFR 术语在中文语境下被称为“成本加运费付至”。此术语是 FOB 术语的延伸，在风险转移上，CFR 术语与 FOB 术语并没有任何不同之处，仅是在 CFR 术语下的交易中，卖方需要支付船舶从出口国至进口国港口的运费。不过正因为运费由卖方支付，运输合同由卖方订立，卖方在完成装载时相对于 FOB 术语更为便利。

例：“CFR Busan port, Korea, Incoterms® 2010”，表示卖方需要将商品完成出口申报，承担商品从自己营业地直到商品被装载至指定船舶上为止的一切风险与相关费用。并与物流公司订立自出口国港口至韩国釜山港的海上运输合同。但是，卖方并不需要对运输过程中的商品损坏负责。

⑪ *"Cost, Insurance and Freight" means that the seller delivers the goods on board the vessel or procures the goods already so delivered. The risk of loss of or damage to the goods passes when the goods are on board the vessel. The seller must contract for and pay the costs and freight necessary to bring the goods to the named port of destination.*

The seller also contracts for insurance cover against the buyer's risk of loss of or damage to the goods during the carriage. The buyer should note that under CIF the seller is required to obtain insurance only on minimum cover. Should the buyer wish to have more insurance protection, it will need either to agree as much expressly with the seller or to make its own extra insurance arrangements.

CIF 术语在中文语境下被称为“成本、保险费、运费付至”。此术语是 CFR 术语的延伸，在 CIF 术语下的交易中，卖方对商品的装运义务与 CFR 术语一样（也与 FOB 术语一样），不同的是，CIF 术语要求卖方不仅要负责订立运输合同，还需要为商品在运输途中的风险进行投保，这一点与 CIP 术语是类似的。

例：“CIF Busan port, Korea, Incoterms® 2010”，表示卖方需要将商品完成出口申报，承担商品从自己营业地直到商品被装载至指定船舶上为止的一切风险与相关费用。并与物流公司订立自出口国港口至韩国釜山港的海上运输合同和与保险公司订立对冲商品运输途中受到损坏风险的保险合同。同样，卖方并不需要对运输过程中的商品损坏负责。

2010 版《贸易术语通则》可以说是当前进出口实务中使用最为频繁的商

业惯例。在实践中，不使用《贸易术语通则》的进出口合同是极其罕见的。换句话说，《贸易术语通则》作为一套在国际贸易实务中被当事人所广泛应用，并为其所遵守的合同默示条款，其内容对双方当事人都具有法律约束力。正因如此，熟知《贸易术语通则》中的每一项条款，对从事进出口实务的当事人来说都是必需的。

3.2.2 2020 版《贸易术语通则》

（1）概述

从实际来看，2010 版《贸易术语通则》基本能解决国际贸易中对商业惯例的需求，但这并不代表2010 版《贸易术语通则》是“完美”的。另外，商业惯例是动态变代的，2010 版《贸易术语通则》在使用过程中也会产生一些“新惯例”。因此，每隔一段时间对《贸易术语通则》进行调整依然很有必要。

在 2010 版《贸易术语通则》的使用过程中，DAT 术语与 DAP 术语的区分是最大的问题。DAT 术语中的“Terminal”在中文中翻译为“终端”，但在《贸易术语通则》的原文中又指出“Terminal includes any place”，这就让人容易产生一个疑惑——“既然 Terminal 可以指任何 Place，那么 DAT 术语与 DAP 术语该如何区分”？在上文中我们提过，DAT 术语与 DAP 术语的区别仅仅在于 DAT 术语中卖方有在商品到达进口国指定地点时的卸货义务，而 DAP 术语则不要求卖方卸货。由此我们可以看出，所谓的 Terminal，仅仅是指一个“需要卖方卸货的地方”，但这与我们日常生活中对 Terminal 的理解是完全不同的，这点是 2010 版《贸易术语通则》中最容易让人疑惑的地方。

2020 年，恰好是国际商会成立 100 周年，在这 100 年里，国际商会为国际贸易中的商业惯例统一作出了巨大贡献，作为贡献的代表成果之一的《贸易术语通则》在 2020 年也迎来了全新的 2020 版。2020 版《贸易术语通则》于 2020 年 1 月 1 日正式生效，但鉴于商人对新规则的使用通常具有滞后性，由此可见，在将来一定时间内，2010 版《贸易术语通则》仍然会是贸易交易中主要的使用对象。

（2）内容

虽然在当前的贸易实务中，使用 2020 版《贸易术语通则》的可能性并不大，但从反映国际贸易研究最新成果的角度出发，了解最新版的《贸易术语通则》仍是必要的。事实上，2020 版《贸易术语通则》虽然被称为“国际商会成立百周年纪念版”，但其内容上只是对 2010 版《贸易术语通则》的微调。对贸易实务影响最大的变化有两条：

第一，以 DPU 术语替代 DAT 术语。DPU 是 Delivered at Place Unloaded 的简称。结合 DAP 术语来看，我们可以把 DPU 术语看成 DAP Unloaded 术语，即卖方需要在进口国指定地点，在商品从运输工具上卸下的状态下交付买方处置。从国际商会对 DPU 术语的解释来看，DPU 术语与 DAT 术语完全一样。事实上，从 DAT 术语到 DPU 术语的改变，这仅仅是针对 2010 版《贸易术语通则》中有关 Terminal 与 Place 难以区分的问题。

第二，CIP 术语的保险条款发生了变化。在 2010 版《贸易术语通则》中，CIP 术语与 CIF 术语是唯一规定了卖方需要为买方货物在运输过程中可能遇到的风险投保的术语。[①] 在 CIP 术语与 CIF 术语并没有规定卖方应该选择怎样的保险条款。所以卖方按照保费最低的平安险或 ICC（C）条款进行投保成为一种惯例。但在 2020 版《贸易术语通则》中，对于卖方在 CIP 术语中的投保义务，明确规定为 ICC（A）。换句话说，如果选择 CIP 术语进行交易，卖方则需要按照最高保费的保险条款进行投保。值得注意的是，2020 版《贸易术语通则》中对 CIF 术语中的卖方投保义务并没有做出修正。

当然，2020 版《贸易术语通则》中对诸如卖方自备运输工具的运输等细节问题也做出了明确规定，但鉴于本书的研究目的，在正文中不多做赘述。

3.2.3 《美国对外贸易定义修订本》

（1）概述

虽然国际商会的《贸易术语通则》是全世界最为通行的一部国际贸易商业惯例，但是这并不代表全世界只有这一部惯例，更不代表全世界所订立的

① CIP 术语与 CIF 术语中，都规定了卖方为货物投保，但需要注意的是，保险区间是运输过程中，无论是 CIP 术语还是 CIF 术语，当商品交付运输的时候就已经实现了风险转移，卖方所投保的商品，其实并不是自己的商品。简单来说，CIP 术语与 CIF 术语中，投保人是卖方，而被保险人是买方。

每一笔国际贸易合同都会选择《贸易术语通则》作为惯例。其中最有代表性的就是美国商人所使用的《1990 年美国对外贸易定义修订本》(*Revised American Foreign Trade Definitions, 1990*)。

《美国对外贸易定义修订本》之所以能长时间独立于《贸易术语通则》而存在，主要在于美国以及部分拉丁美洲国家对于这一特殊版本商业惯例的偏好，而美国一直以来都是全球贸易最重要的参与国家之一。美国地区最早使用的成形的统一商业惯例为 1919 年在美国国家对外贸易公约（National Foreign Trade Convention）里为统一出口价格标示所制定的“出口商品价格定义”(Definitions of Export Quotations)。此定义后经美国国家贸易协会（National Foreign Trade Council Inc.）、美国国家进口商协会（National Council of American Importers Inc.）、美国商会等多个机构的合作修订，于 1941 年形成了《1941 年美国对外贸易定义修订本》，在 1990 年考虑到国际贸易中商业惯例的变化，最终修订为此版本。

（2）内容

《美国对外贸易定义修订本》虽然是独立于国际商会《贸易术语通则》的商业惯例，但在 1990 年制定《美国对外贸易定义修订本》的时候，充分参考了《贸易术语通则》的一些习惯，其目的也是顾及美国商人在进行国际交易时不至于与其他国家交易对象之间存在过多的商业惯例差异。作为独立存在的一种统一商业惯例，《美国对外贸易定义修订本》与《贸易术语通则》不同，它仅仅拥有 6 种术语，即：Ex（或 EXW）、FAS、C&F（或 CFR）、CIF、FOB、Ex Dock（或 DEQ）。在这里面，EXW、FAS、C&F、CIF、DEQ①条件与 1990 版《贸易术语通则》并没有太大区别，但《美国对外贸易定义修订本》的 FOB 术语却极其特殊。前文已经叙述，《贸易术语通则》中的 FOB 术语是一种以商品是否装载至船上为风险与费用分界点，且只能用于水运的术语。但《美国对外贸易定义修订本》里的 FOB 术语被细分为 6 种，而且在

① DEQ (Delivered Ex Quay)，意为进口国码头交货，此术语要求卖方通过水运（包括海运和内陆水运）的方式将商品运至进口国码头，并将商品从船舶上卸下，在进口国码头将商品交付买方。在 2010 版《贸易术语通则》中此术语被改为 DAT 术语。从便于理解的角度看，DEQ 术语是水运形式下的 DAT 术语。

一些细分类中，FOB 术语可以用于非水运的交易中。

之所以有这样的安排，是因为美国较为特殊的地理环境。因为美国有足够大的陆地领土面积，而且与邻国（加拿大、墨西哥）之间的贸易又常使用陆路运输，因此《贸易术语通则》上的 FOB 术语对美国的商人来说并不合适。根据《美国对外贸易定义修订本》的规定，细分的 6 种 FOB 术语具体如下：

Ⅰ. FOB (named inland carrier at named inland point of departure).

上述 FOB 术语可以理解为：卖方在出口国将商品交付买方指定的承运人，待商品完成交付之后买方开始承担一切风险与费用。从这个定义可以看出，这种 FOB 术语与《贸易术语通则》上的 FCA 术语极其相似。

Ⅱ. FOB (named inland carrier at named inland point of departure) Freight Prepaid to (named point of exportation).

上述 FOB 术语可以理解为：卖方在出口国将商品交付买方指定的承运人，待商品完成交付之后买方开始承担风险，但与Ⅰ不同的是，此术语需要卖方将交付商品地点到出口港口的国内部分运费支付给承运人。

例如，卖方在拉斯维加斯将商品交付给承运人，商品最终从洛杉矶出海的一笔交易中，当商品在拉斯维加斯交付承运人之后，风险就开始由买方承担。但是承运人将商品自拉斯维加斯运至洛杉矶的美国国内运费应该由卖方先行支付。其术语写作：FOB Las Vegas Freight Prepaid to Los Angeles。

Ⅲ. FOB (named inland carrier at named inland point of departure) Freight Allowed to (named point).

上述 FOB 术语可以理解为：卖方在出口国将商品交付买方指定的承运人，待商品完成交付之后买方开始承担风险。到此为止此术语与Ⅰ和Ⅱ没有任何区别，但是从商品交付地点到出口港口的运费将在商品价格中被扣除。

与Ⅱ相比，Ⅱ中的商品交付地点到出口港口的运费是由卖方直接预付的，而Ⅲ中的此部分费用是由买方支付的，但所支付的费用将从商品价格中扣除。从实际的价格负担上来看，Ⅱ与Ⅲ并没有区别。那么双方当事人选择Ⅱ还是Ⅲ，完全取决于便利，比如：采取多式联运的时候，运费包括在整个运输过程中，此时让卖方与承运人测定国内运输部分的价格便显得多此一举，那么选择Ⅲ作为交易的条件显然就优于Ⅱ。

Ⅳ. FOB (named inland carrier at named inland point of exportation).

上述 FOB 术语可以理解为：卖方自备运输工具，将商品运至出口港口，交付给买方指定的承运人以完成交付，待商品交付承运人之后，买方开始承担一切的风险与费用。与《贸易术语通则》相比，此术语与 FCA 术语的“指定地点”交付类似，只是说 FCA 术语中的指定地点是出口国的任何指定地点，而上述 FOB 术语的指定地点是出口国的港口。

Ⅴ. FOB vessel (named port of shipment).

上述 FOB 术语可以理解为：卖方将商品装运出口港口停泊的由买方指定的船舶上以完成交付。此术语与《贸易术语通则》上的 FOB 术语相似。

Ⅵ. FOB (named inland point in the country of importation).

上述术语可以理解为：卖方需要完成出口申报、进口申报，直至在进口国指定地点将商品交付给买方。此术语与《贸易术语通则》中的 DDP 术语类似。

参考文献

[1] 张鹏刚，杨文婧 . FOB 贸易术语下卖方隐性风险的分析及防范 [J]. 对外经贸实务，2018 (12): 57 - 59.

[2] 庄丽娜 . 磋商国际贸易术语时面临的问题分析 [J]. 现代商贸工业，2018 (23): 61 - 63.

[3] 邹格兵 . 外贸实践中如何正确选用贸易术语——以浙江慕容时尚家具有限公司选择方

法为例［J］. 对外经贸实务，2018（5）：61－63.

［4］王爱玲. 浅析贸易术语在国内贸易和实践中的运用［J］. 现代交际，2018（12）：256，255.

［5］孙艳艳. 浅析国际贸易术语解释通则不同版本的比较［J］. 现代交际，2018（12）：254－255.

［6］闵阳阳. 国际贸易术语惯例的新发展及其应用策略［J］. 经贸实践，2018（7）：325－326.

［7］李晓龙. 空运贸易条件下D组贸易术语实际的适用性分析［J］. 对外经贸实务，2018（3）：61－63.

［8］杨虹. 从案例分析国际采购贸易术语下的风险及规避［J］. 中国商论，2018（5）：81－83

［9］张文敬. 中小出口企业在实践中对FOB与FCA的术语选择问题［J］. 对外经贸实务，2018（2）：61－63.

［10］王庆颖. 我国沿海外贸企业出口业务中FOB贸易术语应用问题研究——基于《2010年国际贸易术语解释通则》［J］. 江苏商论，2017（3）：34－36.

［11］张文敬. 中小出口企业在实践中对FOB与CIF的术语选择问题［J］. 对外经贸实务，2016（12）：64－67.

［12］袁明兰. 从出口商角度深析FOB和FCA贸易术语的区别［J］. 时代金融，2016（30）：259－260.

［13］王旭. 从一则案例看国际贸易术语的选用［J］. 北方经贸，2014（10）：4－5.

［14］周凌轲，周晨. 关于工厂交货术语在贸易实务中的要点研究［D］. 苏州：江苏科技大学苏州理工学院，2019.

4　国际贸易中买卖合同的条款

国际贸易中买卖合同是进出口交易的主合同（main contract），也是各方当事人最根本的目的所在。因此，买卖合同所期望的结果就是当事人参与或发起国际贸易最根本的动因。即卖方当事人期望获取价款，买方当事人期望获取商品。为保证这一目的能顺利实现，传统上买卖合同里应包含四个部分的条款：

第一，合同基本事项。在此处双方当事人会明确自己在合同订立过程中的身份、合同成立宣言，以及合同的有效期等。

第二，商品相关条款。在此处双方当事人会对与商品本身相关的品质、数量、价格、包装四个主要方面进行规定。

第三，合同履行相关条款。在此处双方当事人会对有关合同履行的结算、运输、保险等七个方面进行规定。需要特别说明的是，有关合同履行的条款不仅是主合同上的规定，这些内容还与附属合同相关。

第四，违约相关事项。在此处双方当事人会对违约的认定、纠纷解决方法，以及不可抗力等事项进行规定。

第五，合同其他事项。在此处双方当事人会对之前的未尽事宜作出一定规定，最常见的内容是对准据法和相关商业惯例（如贸易术语）的选用进行规定。

4.1　合同基本事项

作为不要式合同，虽然国际贸易合同没有固定的格式，在形式上也不受约束，但一般以书面形式订立的合同在开头都会阐明以下事项。

首先是当事人身份（privity）。一般而言，订立合同的当事人可能是以本人身份（principal），也有可能是代理人（agent）。从法律上讲，如果合同订立的一方当事人是以代理人的身份进行的，那么他所订立的合同的义务将由赋予他代理权的被代理人去承担。[①] 虽然由代理人订立的合同在效力上与由本人订立的合同相比并没有什么区别。但对于另一方当事人来说，仍然存在风险，因为他并不能完全确定代理人与被代理人之间所订立的代理合同的内容，即他不知道所面对的订立合同的对象所持有的真实代理权限有多大，极有可能出现“无权代理”[②] 和“表见代理”[③] 的问题。因此，以“本人对本人”（principal to principal basis）订立合同是基本原则。

其次是签字的问题。需要强调的是，CISG 上并没有对签字做出任何说明，基于诺成合同与不要式合同的原则，以及 CISG 上对合同订立的相关规定，签字并不是合同订立的必要条件。但在进出口实务中，签字确认仍然被相当多当事人当成合同订立的环节之一。因此在书面合同的基本事项部分，对签字相关事宜会作出规定。

最后是合同的有效期。在前文中讨论过主交易合同（master contract）的问题，在选择此类交易方式的时候合同有效期是很重要的问题。在主交易合同存续期间订立的其他交易合同都会受到主交易合同的约束。因此主交易合同应该有一个有效期，要明示主交易合同生效的时间点。

4.2 品质

4.2.1 品质条款的意义

作为商业交换，国际贸易的根本目的在于“以有偿的形式，转移商品的所有权”，因此关于所有权发生转移的商品品质的条款可以说是国际贸易合同

① 《中华人民共和国民法总则》第 162 条：代理人在代理权限内，以被代理人名义实施的民事法律行为，对被代理人发生效力。

② 《中华人民共和国民法总则》第 171 条：行为人没有代理权、超越代理权或者代理权终止后，仍然实施代理行为，未经被代理人追认的，对被代理人不发生效力。

③ 《中华人民共和国民法总则》第 172 条：行为人没有代理权、超越代理权或者代理权终止后，仍然实施代理行为，相对人有理由相信行为人有代理权的，代理行为有效。

中最重要的条款。一般来说，在合同里，双方当事人会对商品品质作出相对详细的规定。从 CISG 上的要求来看，对于商品的品质，卖方必须做到“符合合同的要求”，如果合同上没有明确说明的话，卖方也要保证商品的品质“能保证其一般用途的目的”。

为避免合同履行过程中出现纠纷，可靠的办法是在合同里对商品的品质、性能、颜色、重量、成分等作出详细的标识。另外，对品质的确定方法、确定时间、证明方法三个要点也是合同中品质条款的重要内容。

4.2.2 品质确定方法

在当前的国际贸易合同中，常被使用的品质确定方法有凭样品销售、看货销售、标准品销售、商标商品销售、规格销售、等级销售等。在一些特殊情况下，也不排除使用两种以上的品质确定办法。

（1）凭样品销售（sale by sample）

在制造业商品中，凭样品销售是最常见的一种品质确定方法。即一方当事人向另一方当事人提交一个样品，并以此样品的品质作为交易商品的品质标准。一般情况下，在合同里会明示“Goods sold on sample shall be warranted by the seller to be about equal① to the sample”，即卖方所交付的商品的品质应大致与样品相等。

另外，在一个凭样品销售的交易里，卖方应该避免使用最好品质的商品作为样品提交给买方。因为卖方并不能保证自己今后生产的商品的品质能达到此水准。

（2）看货销售（sale by inspection）

所谓看货销售，是指买方亲自检验商品的品质之后进行的交易。由于国际贸易中双方当事人存在地域间隔，因此看货销售在国际贸易实务中并不常用。因为买方要前往卖方处亲自验货存在很高的成本。一般情况下，保税仓

---

① 一般来说，订立合同时会尽量使用“about equal”“almost equal”等相对模糊的语句。因为对于工业商品来说，要做到和样品完全一致是不可能的，为避免因此带来的卖方违约，在合同里通常只说“大致等于样品”。

库交易（bonded warehouse transaction）和交货付现交易（cash on delivery）才会使用此种方法确定品质。虽然看货销售在国际贸易实务中并不常见，但这是一种极少发生品质纠纷的方法，因为买方是在亲自检查完商品的品质之后才进行交易的。

（3）标准品销售（sale by standard）

标准品销售是常见的第一产业商品的品质确定方法。一般来说，农产品、矿产等很难有标准的品质标准，为避免双方当事人因为品质问题产生纠纷，通常选取标准品作为品质确定的方法。常见的有平均中等品质条款（Fair Average Quality，FAQ）、再次销售适合品质条款（Good Merchantable Quality，GMQ）、普通品质条件（Usual Standard Quality，USQ），具体如下。

FAQ 是指商品品质需达到平均中等以上的意思，通常在农业、矿业商品的交易中使用。因为这类商品的品质受自然环境影响较大，很难确定一个公正且相对稳定的标准，故而采用 FAQ。比如某企业需进口一批大米，品质条款采用 FAQ，那么对方企业所交付的大米的品质需要达到该产地大米的中等以上水平。例如，在合同里通常使用“goods sold without sample shall be guaranteed by the seller to be almost equal to the fair average quality of the season's crop at the time and place of shipment”条款，卖方所交付的商品品质需要在装运地（出口国）达到当季收获（农产品）的中等以上品质才算完成义务。

GMQ 是指卖方必须保证商品品质符合在进口国再次销售的水平，通常在木材、冰鲜食品等表面正常，但内部有变质风险的商品的交易中使用。从定义里可以看出，使用 GMQ 作为商品品质的确定方法时，卖方需要对运输过程中的变质负责，因此这是一个目的地品质确定条款。

USQ 是指商品品质需要达到权威质检机关所颁布的等级。如在一些服装上，我们经常可以看到“合格品”“一等品”等标识，便是使用 USQ 作为品质条款。

（4）商标商品销售（sale by trade mark）

此种商品品质确定方法通常在一些知名品牌商品销售中使用。在交易中，买方出于对商标的信任，从而相信其品质。如奔驰的汽车、苹果的电脑、雅诗兰黛的化妆品、劳力士的腕表等。这些商标的公司在长久的经营过程中，已经将带有该商标的商品打造成为同行业的标杆，因此符合这些公司标准的，且带有该公司商标的商品的品质自然就能得到充分的信任。例如，一块机械腕表通常会有 ±30 秒/天的误差，但瑞士天文台认证机构要求一块机械腕表的机芯的精度达到 -4 ~ +6 秒/天时方称为“天文台认证腕表”，而知名腕表制造商百达翡丽要求腕表的精度应该达到 -3 ~ +2 秒/天，劳力士要求腕表精度达到 ±2 秒/天，那么在交易中买方只需要承认百达翡丽或劳力士的商标，就能保证商品具有良好的品质。

（5）规格销售（sale by specification）

规格销售指卖方向买方提供商品之前，会给买方提供一份有关商品的详细说明，而卖方保证商品的品质会和详细说明上的一样。此种方法通常在无法提供样品的飞机、船舶、化工制品、重型机械的交易中使用。

（6）等级销售（sale by grades）

各国政府从保护本国人民或保护本国产业的角度出发，会对一些商品制定一些强制品质认证管理制度。如我国的 CCC 认证、日本的 JIS 认证、韩国的 KS 认证等。当商品品质符合这些认证的要求之后，会在商品上或其包装上印上其标志，表示其品质符合某一特定标准。但需要注意的是，这些认证之间相互并不通用，因此在国际贸易中采用等级销售的时候，应该选取进口国的认证为准，因为商品需要在进口国流通。

案例：

2009 年长沙市的一对夫妇在没有得到米其林（中国）公司的销售许可的情况下从日本采用平行进口的方式进口了一批米其林轮胎，并在自家的汽车配件店中销售。米其林（中国）公司在获知这一消息之后购买了这对夫妇销售的轮胎，在检验后认定其为米其林日本工厂生产的商品，随后以“侵犯商标权”为由提起诉讼。

在法庭上，被告夫妇辩称自己销售的商品为米其林（日本）公司生产的正品，并不属于《中华人民共和国商标法》上规定的“伪造或变造”商标商品，因此不构成对米其林商标的侵犯。法院在审理之后认为，虽然轮胎确属米其林（日本）公司生产的正品，但由于轮胎未经过我国有关部门检测，未取得 CCC 标志。因此认定被告夫妇销售的米其林轮胎为法律意义上的假冒商品，故而判决被告夫妇的销售行为构成侵犯商标权的行为。

4.2.3 品质确定时间

由于国际贸易中存在的长时间运输过程，商品在运输途中存在变质的可能。因此，以哪一时间点的商品品质作为合同是否被履行的依据就存在争议。在卖方的立场上，当商品被交付承运人之后，就失去了对商品的实际控制权，因此他无法对运输途中的商品变质进行干预。显然，他只能保证商品在自己的控制之下时的品质是符合合同的，因此他希望商品的品质确定在出口国就完成。但买方的立场与此正好相反。如上所述，在进出口实务中存在“装运地品质确定”与“目的地品质确定”两种品质确定时间的方式可供选择。

（1）装运地品质确定（shipped quality terms）

顾名思义，装运地品质确定是指一种在装运地（出口国）就对商品的品质进行检验，并以此为合同履行依据的方法。换句话说，在此种条款下，在运输中所发生的商品变质并不构成卖方违约，只要卖方能保证在装运时商品的品质符合合同，那么买方就必须履行自己的支付价款的义务。因此，装运地品质确定通常用于一些品质稳定、不易变质的工业商品的交易中。在这类商品的交易中，通常会执行“装运前检验”（Pre－Shipment Inspection，PSI），在检验中详细检验商品的数量、品质、商品分类等，并以此作为判断合同是否被履行的依据。

（2）目的地品质确定（landed quality terms）

与装运地品质确定相反，目的地品质确定是指商品的品质是否符合合同的要求，以商品到达目的地之后的检验为准。换句话说，采用这种方法的交易中，运输过程中的商品变质将成为卖方的责任。从《贸易术语通则》来看，DAT、DAP、DDU 术语下的交易采用的就是这种方法。

(3) 混合式品质确定

除上述两种方法以外，在实际的进出口实务中，也有采用混合式品质确定的案例发生。例如：在进行谷物交易的时候会使用一种名为TQ（tale quale）的方法，在这种方法下，商品品质会被检验两次。第一次在装运地进行检验，并以此为判断合同是否被履行的依据。但当商品抵达目的地之后还会进行第二次检验，如果在第二次检验中发现运输过程中发生了由海水（wet by sea water）、淡水（wet by fresh water）、雨水（wet by rain）、蒸汽（wet by vapor）等造成的损坏的话，卖方将对此负责。这种品质确定的方法从本质上来看应该属于装运地品质确定的一种，但与一般的装运地品质确定相比，它又有一定的附加条件，要求卖方尽到商品防潮的义务。

4.2.4 品质证明方法

商品的品质关系到买方能否实现他在国际贸易中的根本目的，也关系到卖方是能否在无纠纷的条件下回收价款。为了使双方当事人在无争议的情况下完成交易，不仅需要对品质的确定方法和时间进行规定，还需要让双方当事人都接受的商品检验结果。那么唯一的办法就是保证品质检验绝对公正。除商标商品交易等一些特殊的交易以外，邀请公正的、专业的第三方检验机构对商品的品质进行检验，并对检验结果出具质检报告是最合适的做法。

4.3 数量

4.3.1 数量条款的意义

在合同里的数量条款（terms of quantity）并不单指商品的个数，而是包括长度、宽度、容（体）积、重量等。由于在数量条款上，双方当事人处于一种对立关系，① 因此只有通过在合同里详细规定数量条款，才能避免纠纷。与

① 当品质一定的时候，在卖方立场上，寄希望于用最少的数量卖出最高的价格；在买方的立场上，寄希望于以最低的价格买到最多的商品。

品质条款类似，在实务上有数量单位、数量确定时间、溢短装三个需要注意的要点。

4.3.2 数量单位

或许在常识上，数量单位是一个很简单的问题，但事实并非如此。这是因为在我国的日常生活中，使用公制单位的时候较多，虽然公制单位全世界通用，但一些国家仍然保持了一些独有的单位。因此如果在合同里不能明确数量条款，极有可能造成误解。

（1）个数

这是针对可数的商品的单位。常用的个数单位：个（=1个，piece）、打（=12个，dozen）、罗（=12打=144个，gross）、大罗（=12罗=1728个，great gross）、小罗（=10打=120个，small gross）等。

（2）长度（宽度）、面积

对于长度单位，在我国最常用的是米（meter）。除此之外，国际贸易上还会使用英寸（=2.54cm，inch）、英尺（=12inch≈30.48cm，foot）。

面积单位除了我国熟知的平方米，基于英寸与英尺的平方英寸、平方英尺也是被西方贸易商人所使用。

（3）容（体）积

除了公制的容积单位，西方国家还会使用蒲式耳、加仑等特有的单位。另外集装箱整箱货物中TEU（twenty - foot equivalent unit，最大可装载33立方米）、FEU（forty - foot equivalent unit，最大可装载67立方米）最为常用。

（4）重量

有关重量单位需要特别注意，在我国的日常语境中，吨（ton）等于1000公斤（kg），这是公制单位的换算。在英制单位中1吨等于1016公斤，而美制单位中1吨等于907公斤。因此在贸易协商中，或者书面合同的起草中，单纯使用“ton”是不恰当的。正确的标识应为长吨（long ton，L/T），中吨（metric ton，M/T）和短吨（short ton，S/T）。

另外，重量的描述里，有毛重和净重之分。所谓毛重（gross weight）是指商品包括外包装的重量，而净重（net weight）是指商品除去外包装的重量。

这些问题在协商的过程中都应该考虑到。

4.3.3 数量确定时间

与品质条款一样，数量条款同样有确定时间的问题。如果采用装运地确定的方法，那么在运输过程中造成的数量损失或丢失，卖方不会对其负责；相反采用目的地确定的方法，那么卖方就必须保证在运输过程中商品的不丢失和不会被自然流失。

案例：

2010 年 4 月，有一批海藻类商品（海带、海白菜）从韩国群山运至我国天津港，根据韩方出具的单据，该批商品共有 30M/T，采用集装箱运输。由于恰逢我国的“五一”长假，商品在天津港的通关稍有延迟。在天津港等待通关的期间，由于天气原因致使商品水分蒸发，以至于重量减少。在报关检验时，由于提单上显示的重量与实际重量不符，造成了更为严重的通关延迟，致使一部分商品变质。

在此案中，如果双方约定数量为目的地检验，那么运输过程中和通关过程中造成的重量减少就应该由卖方负责。反之，卖方无责，买方需要按合同规定的价格支付价款。

4.3.4 散装货物与溢短装

（1）散装货物

在国际贸易上，将不可数（uncountable）、非包装（unpacked）的，且通常以大数量进行交易的商品称为散装货物（bulk cargo）。常见的散装货物有谷物与矿产。这些商品最大的特点是不可能准确计量。因为计量工具的误差，以及商品在非包装情况下的自然流失，以及在装卸过程中的损耗，都会造成散装货物的重量不可能与合同上规定的数量达到完全一致。因此对于此类商品的交易，双方当事人如果不提前对数量条款作出规定，那卖方违约将会成为一种必然。

（2）溢短装

所谓溢短装（more or less clause），是在进出口实务中为避免因散装货物的不可计量带来违约的一种数量条款的补充条款。溢短装条款上通常会规定一个合理区间，只要卖方交付的商品的数量在此区间内，买方就不得宣告卖方违约。例如，5% more or less at seller's option，此条款意味着卖方所交付的商品数量在合同规定值的±5%的区间即可，若合同上明示的数量是100M/T，那么可接受的范围就是［95，105］。

有关溢短装有两点需要注意：第一，溢短装一般适用于散装货物。对于可计量的商品（如手机、汽车等）不应该使用溢短装。第二，采用溢短装的交易中，买方所支付的价款应该对应实际交付的商品数量，而不是合同明示的数量。如上面的例子，合同上明示的数量是100M/T，溢短装为±5%，那么卖方交货97M/T是完全可以的，但买方所支付的价款应该是97M/T所对应的价格。

（3）散装货物与信用证交易

信用证交易是一种以银行信用代替商业信用的安全性较高的国际贸易结算方式。在这种结算方式中，卖方具有做到“单证相符、单单相符”的义务，只要卖方所提交的单据与信用证的要求稍有不符都不能回收价款。因此卖方所交付商品的数量不能有丝毫的偏差。或许正是因为信用证交易的这种严格，信用证交易的国际统一规则（UCP 600）中对没有规定溢短装的散装货物交易进行了如下规定：第一，如果交易商品为散装货物且没有规定溢短装条款，默认±5%为溢短装区间；第二，如果交易商品为散装货物且没有规定溢短装条款，如果在数量前有“about”“around”等模糊性描述，默认±10%溢短装区间。

4.4 价格

4.4.1 价格条款的意义

价款条款是国际贸易中被双方当事人关注度较高的条款之一。这是因为交易的价格关系到卖方的利润，也关系到买方的采购成本。因此在进出口实务中，价格条款通常决定了双方当事人的意思表示是否能最终达成一致，也就关系到合同是否能订立。在价格条款中，需要注意的是价款的标识、价格的确定。

4.4.2 价格的标识

在国际贸易里对商品价格的标识绝不能以一个简单的数字来表示。这里面会涉及如下两个问题。

第一，价格的组成是什么？在一般的面对面交易中，价格的组成就是指卖方面对面将商品交付买方的价格，但是国际贸易则不是这样的。同一数字的价格，是否包含运费、保险、关税等会成为双方当事人争论的要点。因此，在价格的标识中，应该准确反映出价格的构成是什么。当今国际贸易中最常用的方法是用贸易术语来表示价格的构成，这一点在本书前面部分已经有详细论述。

第二，货币单位是什么？在各国的国内交易中，毋庸置疑，货币单位是各国的法定货币，但各国的法定货币是不同的，那么在国际贸易中使用哪一国货币来标识价格就需要双方当事人进行协商。在当前的情况下，使用美元是一种比较流行的做法，但欧元、日元、英镑、瑞士法郎也是常用的结算货币。另外需要注意的是，在日常语境中，我们会把美元称为“dollar”，但这在国际贸易中是不恰当的。因为“dollar”一词仅是一种货币单位，加拿大元、澳大利亚元，甚至我国香港地区的港币和台湾地区的台币的英文都是dollar，而这些货币的1单位购买力差别甚远。一般来说，作为贸易人，应该熟知表1中常用货币的标识。

表1　国际贸易中常见的结算货币

货币	英文标识
美元	USD
欧元	EUR
英镑	GBP

续 表

货币	英文标识
日元	JPY
人民币	CNY/RMB
瑞士法郎	CHF
韩元	KRW
加拿大元	CAD
澳大利亚元	AUD
港元	HKD

综上所述，假如某商品的单价是 100 美元，这 100 美元中包括从我国出口至美国拉斯维加斯，且报价中包含运费和保险，但不包括进口关税的话，它在合同里的正确标识为 USD100/pc，CIP Las Vegas，Incoterms® 2010，只有这样的标识才能不引起不必要的误会。

4.4.3 价格的组成

在卖方的立场上，价格的确定需要考虑利润，这里的利润并不是指单个商品的利润，而是总利润。因为提高商品的单价即可带来单个商品利润的提高，但同样也会引起销售量下降的副作用。因此卖方需要经过权衡制定一个可以带来最高总利润的价格。一般来说，价格可以用“价格 = 制造成本 + 交易成本 + 利润”的公式计算，这也是价格的组成。

在价格的组成中，制造成本和期待利润是可以计算的，问题是交易成本中会有一些隐含的费用，并不容易在事前进行预估。通常情况下，交易成本包括包装费、商品检验费、国内运输费、港口及空港使用费、运费、装载费、出口报关费（含出口关税）、仓储费、卸货费、保险费、进口报关费（含进口关税），以及各种手续费（包括银行手续费）等。虽然通过贸易术语可能很容易判断出价格中包含了哪些成本，但准确计算这些费用需要在不断交易实践中对价格进行修正。

4.5 包装

4.5.1 包装的意义

传统意义上，包装条款是一个在贸易协商中容易被忽视的条款。因为双方当事人从事国际贸易的目的是完成包装里的商品的交换，而不是包装本身。在 CISG 里，也将贸易协商中对包装的修改视为“非实质性修改”。[①] 但这并不意味双方当事人可以在协商中忽略包装。一般而言，在国际贸易中的包装有以下三个目的：第一，方便识别。要想在仓库里的众多商品中迅速找到自己的商品，这就要求包装具有一定的可识别性。第二，在运输途中为商品提供充分的保护。要使商品在国际贸易的长途运输中保持其品质，包装所起的作用至关重要。CISG 上明确要求卖方需要“采取足以保全商品的方式”对商品进行包装。第三，营销作用。商品的包装除了上述两个目的，还具有引起消费者购买欲的作用。因此，卖方（或商品的制造商）会设计具有一定美观的包装外观或图案，以达到其目的。对于包装条款，需要了解包装的种类、唛头两个要点。

4.5.2 包装的种类

对于商品的包装，从外到内可以分为外装（outer packing）、内装（inner packing）和各装（unitary packing）。

外装是商品最外层的包装，其主要目的有两个：第一，对商品提供充分的保护。第二，使商品方便装载和拾取。因此，对于商品的外装，通常情况下会使用坚固的包装，并且会将商品的外形包装至规则的形状。

内装是将数个商品聚拢以后所做的包装。内装的目也有两个：第一，使数个商品聚拢在一起时方便拾取。第二，在保护商品的同时，提供一定的营销作

---

① 在 CISG 中，并没有明确指出贸易协商中对包装的修改是非实质性修改，但明确了对“品质、价格、数量、权利义务划分、纠纷解决、结算方式、运输方式”等的修改为实质性修改，因此可以推断出对于包装的修改不构成实质性修改。

用。因此，内装不仅要求形状规则，在内装上也会有一些商品广告等图案出现。

各装是商品最里层的包装。各装的目的更多的是引起消费者的购买欲，因此各装的形状并不一定规则，而是采取一些时尚且具有一定美术特点的形状，并辅以与商品性质相符的颜色。

4.5.3　唛头

唛头的作用在于使商品在仓库之中能被轻易辨识。根据 1924 年的《海牙规则》，当商品无唛头标识的时候，承运人可以对商品运输中可能发生的问题免责，这足见唛头的重要地位。一般来说，唛头分为以下七部分：

第一，主唛（main mark）。主唛是标示在外装之上的一种符号。其目的是让商品能被轻易辨识。通常情况下，双方当事人会在合同中约定在一定的形状中标明特殊的字符。如：Each carton box baring the mark “KU” in diamond，这表示外装之上应有钻石形状（菱形），在形状之内应印有“KU”两个字母。

第二，副唛（counter mark）。副唛用于当主唛无法迅速区分商品之时。通常情况下副唛会标示出商品生产者的简称等信息。

第三，包装号码（case number）。包装号码一般用于一批商品被分为多个包装的情况下。包装号码是一串连续的号码，可以用于与商业发票核对商品数量。

第四，港口标识（port mark）。有时候船舶会途经多个国家的港口，并会在途经港口沿途装卸商品。这时候为防止商品被错误卸下，应该在唛头上标识出目的港。

第五，品质与重量标识（quality or weight mark）。唛头上有时会标明商品的品质等级以备检查。同时，为了方便计算运费、通关等作业，也会标明商品的毛重与净重。

第六，原产地标识（origin mark）。商品的原产地也会被标明在唛头之上，尤其是在国与国之间的自由贸易协定（FTA）订立之后，此标识的重要性进一步增大。

第七，注意事项（care mark）。注意事项的标明是为提醒装卸或保管商品时所需注意的问题。此标识通常在外装的侧面。

4.6 装运

4.6.1 装运条款的意义

卖方的装运关系到买方是否能按时收到商品，由于国际贸易合同的双务合同性质，装运也就关系到卖方是否能正常回收价款。在装运条款中，装运时间（正常或延迟）、装运方法（分批或转运）、装卸的港口是主要值得关注的问题。

这里有一个要点需要注意，由于国际贸易中双方当事人的地理间隔，在国际贸易中提及的装运（shipment）并不等同于完成交货（delivery）。装运只意味着商品的卖方交出了商品的控制权。虽然在大多数情况下卖方交出商品的控制权之后就完成了自己的交货义务，但这并不是绝对的。如选用《贸易术语通则》中以“D”字母开头的术语时，交货的地点在进口国指定地点，此时的装运与交货就是不同的概念。

4.6.2 装运时间

在国际贸易合同中规定装运时间，是买方约束卖方的行为。通过对最迟装运时间进行规定，买方可以在运输正常的情况下掌控接受商品的时间。因此，卖方遵守装运时间也是自己能顺利回收价款的保障。

（1）装运时间标示方法

双方当事人应该熟知装运时间的标示方法，这些标示方法通常有以下四种形态：

第一，单一月份标示。此种标示方法要求卖方在指定月份的 1 日到最后 1 日（大月份的 31 日、小月份的 30 日、二月的 28 日或 29 日）的时间进行装运。如 shipment shall be made during October，意味着卖方需要在 10 月 1 日到 31 日完成装运作业。

第二，连续月份标示。此种标示方法要求卖方在指定的连续月份中的任意一天完成装运。例如，shipment shall be made during September and October，意味着卖方需要在 9 月 1 日到 10 月 31 日完成装运作业。

第三，特定日之前或之后装运标示。此种方法要求卖方在指定的时间点之前或之后完成装运。例如，shipment shall be made before 1st Oct.，意味着卖方需要在10月1日（不含）之前完成装运作业。这里需要特别注意，如果合同里使用了“before”“after”的表述的时候，特定日是不算在内的，如上面的“before 1st Oct.”中，如果卖方在10月1日完成装运将会构成违约，因此卖方必须在10月1日（不含）之前，也就是最迟9月30日完成装运。相反，如果合同中使用了“from”“until to”等表述的时候，特定日是包含在内的。

第四，根据国际商会信用证统一规则（UCP 600）的规定，装运时间可以使用上旬（the beginning of，每月1日到10日）、中旬（the middle of，每月11日到20日）、下旬（the end of，每月21日到月末）的表述。也可以使用上半月（the first half of，每月1日到15日）、下半月（the second half of，每月16日到月末）的表述。

另外，为避免不必要的纠纷，在描述装运时间的时候不应该使用尽快（as soon as possible）之类的模糊性词汇，因此在解读合同时这些词汇会被无视，卖方并不会因使用了“尽快”一词而受到任何约束，这对买方来说是不利的。

（2）延迟装运（delayed shipment）

如果卖方的装运日晚于合同里规定的最迟装运时间就构成延迟装运。延迟装运构成了卖方违约。卖方违约最大的问题就是买方可以要求减轻价款，当卖方违约的程度足够严重且构成根本违约的时候，买方甚至可以要求解除合同。因此，当卖方不能按时完成装运之时，应当及时与买方进行沟通，以期望能用较为缓和的手段解决此问题。

4.6.3 分批装运和转运

（1）分批装运

在商品数量过大时，采用一次性装运对双方当事人来说都不容易。此时将商品分为数批进行装运是比较常见的做法，这种装运方法被称为分批装运（partial shipment）。

在进出口实务中，分批装运可以是买方的要求，也可以是双方协商的结果。当是买方要求的时候，通常情况下因为买方具有一定的仓储压力，无法一次性接收大批量商品，又或是买方需要将原材料购进时间与使用时间进行接合，以便节约仓储费用等。当然，选择分批装运也有可能是因为卖方受产量限制无法一次性大批量供货所致。有关分批装运需要注意以下三处法律要点。

第一，在没有事前约定的情况下，分批装运是否具有法律效应的问题。根据《英国货物买卖法》（*Sale of Goods Act*, 1979）的规定，在无事前约定的情况下，买方对于卖方采取的分批装运“没有接受的义务”。注意这里使用了“没有义务”这一种表述，因此可以推断，在《英国货物买卖法》上，对卖方自行选择的分批装运赋予了买方选择接受和拒绝的权利。由于《英国货物买卖法》在国际贸易上的重要地位，此一规定具有一定的参考性。另外，根据信用证统一规则（UCP 600）的规定，在使用信用证作为结算方式的时候，在没有明确规定禁止分批装运的情况下，银行并不以卖方采用了分批装运作为单据上的不符点①。

第二，分批装运各批商品之间的关系。在采取一次性装运的时候，商品出现不符合同的情况，卖方会构成对整个合同的违约，但如果采取分批装运的时候，其中一批或几批商品出现不符合同的情形，对于整个合同会产生怎样的影响，需要分情况讨论。首先，根据CISG的规定，如果采用分批装运的各批商品之间相互独立的话，某一批次的商品出现不符合同的情形，买方可以针对该批次商品不符合同的情形对卖方提出制裁。但如果商品虽然采取了分批装运，但每一批次的商品均属于一个大件商品的一部分，任何一批次的商品出现不符合同的情形，都将使买方购买商品的目的无法实现，那么任何一批次的商品出现不符合同，都构成对整个合同的违约。其次，在使用信用证作为结算方式的时候，根据UCP 600的规定，某一批次的商品出现违反合同，将导致信用证对该批次以及以后批次商品的支付承诺失效。换句话说，采用分批装运的时候，任何一批次商品的不符合同，都会终止信用证的效力。

① 虽然银行不会以分批装运作为信用证上的不符点，但考虑信用证的独立性，并不能因此判断分批装运是否构成合同上的违约。

第三，一些在不构成法律意义的分批装运行为。在进出口实务中，有一些看似分批装运的行为，但并不构成法律意义上的分批装运。比如，同一运输工具在同一路线上的装运行为不构成分批装运。假设一艘从中国香港出发，途经上海、天津，再前往美国洛杉矶的货船，在香港、上海、天津分别进行了三次装运，但这并不构成分批装运。使用邮件进行发货的情况下，商品采用了小型包装，那么在同一张运单下的多个小型包装并不构成分批装运，这是考虑邮件发货的特点所作出的规定。

（2）转运

转运（transshipment）是指从出口地到进口地无直航运输的情况下，商品从一个运输工具上卸下，再装运至另一运输工具上的行为。由于商品在装卸的过程中发生损坏的可能性较大，转运带来的多一次的装卸行为，增大了商品发生的损坏的机会，因此买方对转运通常比较敏感。①

对于转运需要理解以下两点：

第一，合同上如未明确禁止转运，转运是允许的。事实上，在现代的进出口实务中，要完全避免转运是非常困难的。班轮运输通常只在主要港口之间进行，如果进出口地点位于一些直线港口，如果不能转运就需要租船，由此带来的成本问题是双方当事人不能接受的。因此，只要没有明文禁止转运，在进出口实务上，对转运都采取了许可的态度。

第二，多式联运的转运是允许的。作为国际贸易较主要的运输方式之一，多式联运从定义上就决定了转运不可避免，此时如果在合同上明文禁止转运，那么装运条款在卖方立场上就会成为陷阱条款。所以，如果运输方式选择了多式联运，即使合同里禁止了转运，转运也是允许的。需要注意的是，如果运输方式是多式联运，而买方依然要求禁止转运，那么卖方应该注意买方的动机与目的。

4.6.4 装运日的证明

卖方作为装运的义务履行人，需要证明自己的装运是按照合同规定的时

① 尤其是采用E、F、C贸易术语的时候，发生转运时风险转移已经结束，转运时所发生的风险需要买方承担，会给买方增加额外负担。

间进行的。这样的证明通常借助运输单据，具有代表性的就是海运提单（bill of lading)。但需要注意的是，合同里的转运是指商品被装载至运输工具之上，但海运提单分为待装运提单（received B/L）与已装运提单（shipped B/L），待装运提单上的签发日只能证明承运人收到商品的时间，而不能证明商品何时被装载至运输工具之上。

事实上在进出口实务上，当卖方将商品交付承运人之后，他就可以取得待装运提单，但他必须对商品何时被真正装载至运输工具之上进行持续的关注，待到商品被真正装载至运输工具之上以后，应该及时在原提单上注明，以便证明自己在规定的时间内完成了装运义务。

4.7 支付

4.7.1 支付条款的意义

支付（payment）一词，意味着买方向卖方支付价款，在一些国际贸易文献中也有将支付称为结算（settlement）的，严格来说“结算”意味着买卖当事人因交易而产生的权利义务关系的消灭，这与单纯的支付并不是一个意思。但在国际贸易上，买方支付价款的行为是交易正常中买方消灭自己因接收商品（或将要接收商品）而产生的债务的主要手段，因此在进出口实务中，“支付”与“结算”并不需要做特别区分。

所谓支付条款，乃是在合同中规定“买方应该何时、用何种方法”支付价款的条款。因此，从实务的角度讲，对于合同中的支付条款需要注意支付时间、支付方法两个要点。

4.7.2 支付时间

按照本书前文所述，国际贸易合同是一种双务合同，这要求在国际贸易中双方当事人对彼此均具有一定义务，且双方均可以在对方没有履行义务的时候保留对自己义务的履行。换句话说，从理论上讲，双方当事人应该同时履行义务。那么具体到支付上来讲，那就是“买方应该在卖方交付商品（或象征商品控制权的单据）时向卖方支付价款”，或者说“在卖方没有完成交付商品的义务之前，买方无义务向卖方支付价款”，通俗来讲，即“一手交钱，一手交货”。这是 CISG 对于买方的支付价款义务的规定，但这并不容易实现。当双方当事人分别位于不同国家的时候，交付商品需要通过第三方（物流公司），支付价款也需要通过第三方（银行）来完成，这种情况下，要想使支付价款与交付商品同时进行是不太可能的。

因此，理论上要求支付价款与交付商品同时进行，但在实践中，二者的进行存在先后顺序。如果将支付的时间在商品交付时间的前后为标准，可以将支付分为事前支付（payment in advance）、同时支付（concurrent payment）、事后支付（deferred payment）。

（1）事前支付

事前支付是指在卖方交付商品之前，买方即向卖方支付价款的支付方法。具有代表性的事前支付方式有红色条款信用证（red clause L/C）、订货付款（cash with order），以及其他事前电汇方式（T/T in advance）。在卖方的立场上，交付商品以前就收到价款让自己在交易中完全没有信用风险，但在买方立场上的商业风险极大。因此，此种支付方式一般只有在买方对卖方绝对信任，而且是小额交易中使用。

（2）同时支付

同时支付是指卖方与买方同时履行自己的义务，即买方在卖方交付商品的同时支付价款。上文提到过，由于双方当事人之间的地理间隔，此种支付方法在进出口实务中并不常见，但“一手交钱，一手交货”在实践中并不是完全不可能。其中，当卖方有代理人在进口国时，又或是买方有代理人在出口国时，交货付现（Cash On Delivery，COD）与交单付现（Cash Against Documents，CAD）等同时支付是完全有可能的。另外，在一些跟单结算方式[①]中，卖方也有可能在交付单据的时候立即回收价款（如即期信用

① 跟单结算方式可以理解为卖方在取得相关单据之后，对这些象征商品控制权或所有权的单据为交易对象进行结算的支付方式。

证和一部分远期信用证），或买方在得到象征商品的单据之时支付价款（如付款交单）。

（3）事后支付

事后支付又称延期支付，是卖方要在交货之后一定时间过后才能回收价款的支付方法。使用这样的支付方法，卖方需要承担极大的信用风险，因为卖方在交易结束、买方还未履行义务的时候就已经失去了对商品的控制权，如果买方此时有欺诈行为，极有可能造成卖方钱货两亏。具有代表性的事后支付有承兑交单和事后电汇。由于事后支付的风险较大，且需要占据现金资源，在卖方的立场上，应该进行风险管理，具有代表性的方法或金融商品有：保理、福费廷、汇票贴现等。

但需要注意，虽然通常情况下的事后支付会给卖方带来信用风险，但这不是绝对的，在一些远期信用证交易中，因为使用银行信用代替商业信用，卖方虽然要在事后才能回收价款，但并不存在信用风险。

（4）分期支付

上述三种支付方式是最为常见的分类，除此之外，分期支付也可以用于国际贸易中。如一些工程建造或者类似船舶之类的大型机械的交易中，采用事前支付的话要占据买方大量的资金，而采用事后支付，甚至是同时支付，对买方来说也有很大资金压力。因此为均衡买卖双方的利益，通常采取分期支付的形式。

4.7.3 支付方法

传统意义上的国际贸易结算有汇付、托收、信用证三种支付方法，在金额较大的时候也可以采用两种以上的支付方法。但对应国际贸易形式的变化，一些小额支付方法的应用也逐渐增多。

（1）汇付（remittance）

所谓汇付即汇款。传统上拥有电汇（T/T）、信汇（M/T）与票汇（D/D）等形态，由于技术的发展，信汇与票汇已经很少使用。在今天的国际贸易的支付中，电汇不仅是汇付方法中使用最多的方法，也是所有支付方法中，使用最多的方法。主要是因为今天的国际贸易中，无风险的内部交易[①]增多，双方当事人都期望用一种低成本的支付方法来完成交易，而电汇成本低廉，恰恰符合了双方当事人的需求（见表2）。

表2　我国主要国有商业银行的电汇费用（截至2020年）

银行	客户分类	手续费（率）	电报费
工商银行	普通客户	0.10%，最低50元/笔，最高260元/笔	港澳80元/笔 其他150元/笔
	电子渠道	0.08%，最低40元/笔，最高240元/笔	100元/笔
交通银行	—	0.10%，最低20元/笔，最高250元/笔	港澳台150/笔 其他80元/笔
建设银行	—	0.10%，最低20元/笔，最高300元/笔	80元/笔
中国银行	—	0.10%，最低50元/笔，最高260元/笔	港澳台80元/笔 其他150元/笔
农业银行	—	0.10%，最低20元/笔，最高200元/笔	80元/笔

资料来源：根据互联网资料整理。

除费用低廉外，汇付还有两个重要特点：无统一的国际规则、双方自行承担交易风险。这里需要注意，虽然汇付是通过银行的，但银行只起到一个中介的作用，其本身并未介入交易，正因如此，银行在汇付的过程中不会对双方当事人之间的任何纠纷负责，所有的责任都由双方当事人自行承担。

（2）托收（collection）

托收即委托银行回收价款。从字面上理解，托收必须经由银行。事实上，托收是一种通过银行进行的跟单结算方式，卖方准备好相应的单据之后交付

---

① 一些跨国企业不止在一个国家设有营业地，不同营业地的公司在法律上被视为不同的且相互独立的法人，但它们本质上仍是一个企业。同一跨国企业下属的不同法人之间也会有业务往来，这些交易可以称为“内部交易”。在内部交易中几乎不存在信用风险或商业风险，因此当事人不需要对风险进行特别管理，他们仅会考虑交易的成本。

银行，由银行持单据代替卖方向买方索取价款。根据银行与买方之间交付单据与支付价款的顺序的不同，托收可以分为付款交单（documents against payment）和承兑交单（documents against acceptance）。

由于托收有银行的介入，所以交易流程相对复杂。为保证各银行在处理托收业务时有相对统一的标准，国际商会为托收制定了名为“URC（uniform rules for collection）522”的国际规则。

（3）信用证（letter of credit）

信用证是一种以银行信用代替商业信用的支付方法。通过这种方法，卖方只要能做到信用证上所要求的相符交单义务，银行就会代替买方向卖方支付价款。因此在卖方的立场上，只要细心编制单据，无论买方信用程度如何，都不会承担信用风险。相比其他支付方法，由于信用证的交易过程中银行的义务明显增加，导致使用信用证的成本较高，正因如此，除首次交易和大额交易外，在国际贸易中使用信用证的比例已经大大减少。

（4）小额支付方式

小额支付是一种非传统的支付方法。这种支付方法的诞生主要源于国际贸易形式的变化。传统上，国际贸易是商人之间的交易，即B2B交易，但随着互联网技术和物流系统的发展，个人参与国际贸易的机会开始出现，如含有海外销售业务电子商务，海外代购等。这些新兴国际贸易形式的出现让国际贸易从传统的B2B交易扩展到了B2C，甚至是C2C交易。

这些交易有一个特点，即交易商品数量少，交易金额低。如果使用传统的支付方法，这些交易的成本将大大增加，因此，为配合这些交易，贝宝（PayPal）、支付宝（Alipay）、微信支付（WeChat pay）等小额电子支付方式开始流行，并成为B2C和C2C国际贸易的主要支付方法。

4.7.4 支付方法的选择

在众多的支付方法中，应该选择哪一种方法进行使用是合同条款协商中重要的一个环节。需要知道，所有的支付方法都不是完美的，要找出一个能解决所有问题的支付方法并不可能，双方当事人只能根据其交易的性质、双方的关系、支付金额的大小等进行综合考虑。

如图1所示，选择不同的支付方法在双方当事人的立场上来看具有截然不同的风险负担。如果选择卖方风险较高的支付手段，买方只需要承担较小的风险，但这也会赋予卖方在其他条款的协商中有更大的优先权，因此，作为贸易人我们只能熟知各种支付方法的风险，但不能断定哪一种支付方法是最好的，一切都需要根据交易的实际情况而定。

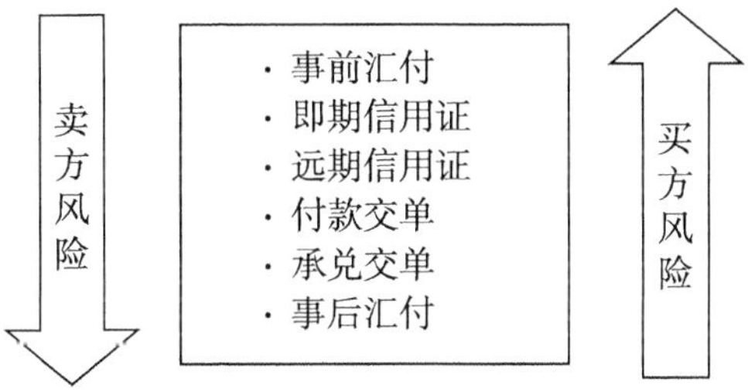

图1　传统支付方法的风险比较

4.8　保险

4.8.1　保险条款的意义

保险原本的意义在于实现对风险的对冲。在长时间的跨国运输过程中，商品有发生损坏的可能性，为了将这种损坏的后果转嫁出去，双方当事人可以协商为商品进行投保，通过向保险公司缴纳一定保费的形式，换取在损坏发生时保险公司给予的补偿。

事实上贸易保险可以分为运输保险和政策保险两个部分。其中运输保费可以将运输中商品损坏的风险转嫁出去，而政策保险可以将包括信用风险、外汇风险等使用一般商业保险无法对冲的风险转嫁给政策性保险公司。[①] 由于政策性保险的相关事宜不会在主合同里出现，因此本节所述的贸易保险，仅仅以合同上的运输保险为讲述对象。

① 这一类政策性保险公司通常为国家设立，以服务本国的贸易为目的，并不追求利润。在我国，中国出口信用保险公司（Sinosure）承担了这一任务。

有关保险，在合同里应该注意以下四点：投保人、被保险人、保险公司承担的风险、保险补偿的范围。

阅读材料：

为何要投保？

对于一些当事人来说，购买保险而没有发生任何事故，保费就像被浪费一样，但如果发生保险事故，虽然有保险金的补偿，仍不是一件愉快的事情。那么为什么大家还要去投保？此问题可以用下列经济学原理证明。

如图2所示，横轴为某当事人所持有的财产，纵轴为效用。该当事人持有一个价值为 V_1 的财产，该财产给他带来了 U_1 的效用。此时，假设该财产有发生事故的概率，一旦事故发生，该财产的价值将成为0，给当事人带来的效用也为0。假设该财产能完好无损的概率为 P，那么我们可以利用加权平均的算法计算出该财产数学期望值（$V_2=PV_1$），也可以计算出该财产给当事人带来的效用的数学期望值（$U_3=PU_1$）。

当然，以上的情况发生在没有投保的情况下。那么如果当事人对财产进行投保会发生什么？首先保险公司一定会对当事人收取至少（V_1-V_2）

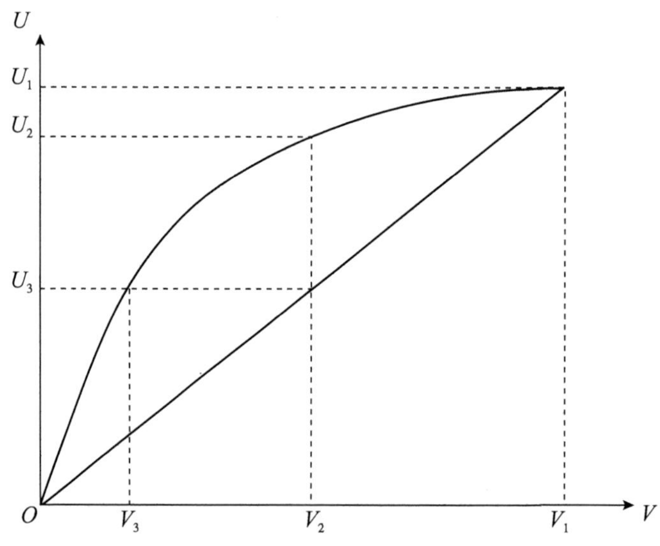

图2　投保的经济学原理

的保费，因为当样本数量足够多的时候，根据大数定律（$V_1 - V_2$）这么多的损失是一定会发生的。换句话来说，（$V_1 - V_2$）是保险公司对该财产进行承保的成本。那么一旦选择投保，该财产对于当事人来说的价值就恒定为 V_2 了。因为如果不发生事故，该财产价值为 V_1，如果发生事故保险公司会补偿当事人 V_1，但无论如何，$V_1 - V_2$ 会被提前收取。这时候财产的价值被确定了，给当事人带来的效用也就确定了，即 V_2 所对应的效用 U_2。由于 $U_2 > U_3$，也就是说投保之后的效用要大于不投保时的期望效用，这就是当事人选择投保的理由。事实上，只要保费不大于（$V_1 - V_3$），当事人都会选择投保，因为投保后的效用肯定会大于 U_3。由于（$V_1 - V_2$）是保险公司的成本，那么（$V_2 - V_3$）就是保险公司的利润。

事实上，当事人是否愿意投保，取决于他的效用曲线的形态。只要当事人的效用曲线具有边际递减的性质，对他来说，投保要优于不投保。在经济学上，这种边际效用递减的人被称为"风险厌恶型"或"风险回避型"，虽然理论上也有"风险中立型"与"风险偏好型"存在，但"风险厌恶型"才是最符合现实的假设。正因如此，投保虽然会让投保人付出一定保费，但保险仍有其存在的价值。

4.8.2 投保人与被保险人

在保险学上，投保人（policy holder）是指向保险公司缴纳保费的当事人，而被保险人是指当财产发生保险事故时，从保险公司处领取补偿的人。理论上来讲，投保人与被保险人应该是同一人，因为如果二者不为一，被保险人在完全没有付出的情况下收取补偿，那么他极有可能出现"期望事故发生"的道德风险。然而，在国际贸易里，二者不为一是有可能的。如在 CIP 与 CIF 条件下，卖方需要为商品在运输中可能发生的风险进行投保，那么卖方就是投保人。但投保的内容是"补偿在运输过程中的保险事故"，但在这两个术语下，商品一旦进入运输阶段，说明卖方的义务已经完成，一旦发生保险事故，那也是买方的事情。即在 CIP 与 CIF 条件下，投保人是卖方，而被保险人是买方。但由于卖方在报价时已经包含了保费，可以理解为卖方的投保行为是代替买方进行的，而买方才是实际上保费的负担者。

需要注意的是，并不是说其他术语下的交易中就不需要保险，而是在其他术语的交易下，投保人与被保险人是一致的，例如，FOB 术语下，卖方虽然不用为海上运输进行投保，但他仍然可以为商品由自己营业地运输至装运港的运输区间进行投保，而海上运输的投保可以由买方自己去决定是否需要。另一点需要注意，由于 CIP 与 CIF 条件仅规定了卖方应该为商品投保，但并没有规定具体投保细节，当选择这两个术语作为交易条件的时候，双方当事人在合同里对投保的细节进行规定是有必要的。

4.8.3 风险与保险范围

保险合同与国际贸易的主合同不一样，它的一方当事人（保险公司）是相对固定的，而另一方当事人为不特定的多数。虽然依据当事人自治原则，双方当事人可以自由商定合同细节，但这样的效率极低。因此，保险合同更多采取了附议合同（contract of adhesion）的形式，这种形式下，保险公司会给出一定条件，而投保人只能选择接受或者不接受。

在保险公司给出的条件中，通常情况下包含了哪一些风险造成的商品损坏是保险公司要赔付的，哪一些则不然。从今天的贸易保险实务来讲，通常保险公司所提出的条件包括平安险、水渍险和全险，以及英国伦敦保险业协会所制定的 ICC（A）、ICC（B）、ICC（C）条件。

另外，即使是保险公司所担保的风险造成的商品损坏，根据损坏发生时间点（或地点）的不同，也会出现保险公司赔付的不同。传统海上运输使用航海保单（voyage policy）来证明投保人与保险公司之间的保险合同关系，保险公司所承担的保险区间也就是指海上运输的区间。换句话说，从卖方仓库运货至港口的过程中所发生的商品损坏，即使是由保险公司所担保的风险造成的，保险公司也不会进行赔付。但现代多式联运的发达之后，这样的保险范围是没有实际意义的，今天保险公司已经能够对运输的全过程中发生的风险进行承保。

4.9 其他

迄今为止，本书介绍了国际贸易合同中的各个主要条款，需要再次强调的是，国际贸易合同不仅在形式方面没有定式，在内容上也没有定式，只要双方当事人的意思表示能达成一致，即可宣告合同订立。因此上述条款只是国际贸易合同中常见的主要条款，在一些特殊情况下的合同，条款的种类和内容也有可能存在差异。

另外，除了上述条款，为使交易能顺利进行，合同里还会有一些其他补充条款。

4.9.1 不可抗力与纠纷解决

国际贸易作为一种能够使双方当事人均获利的经济活动，正常情况下双方当事人都希望交易能在无纠纷的情况下顺利完成。但在现实中，双方当事人发生纠纷的情况时有发生。因此，在合同中加入纠纷解决的方法是有必要的。在合同中有关纠纷的条款应该包括不可抗力、纠纷解决方法两个要点。

（1）不可抗力

在一些交易中，因为一些彼此都不愿意的外部力量阻碍了某一方或双方当事人履行义务，最终会造成交易无法顺利完成，这种情况称为不可抗力(force majeure)。根据CISG中的规定，一件阻碍合同履行的事件，如果满足“事前不可预知”“事后无法抵抗”的条件即构成不可抗力。一般来讲，对于一件不可抗力的发生导致交易无法顺利完成，双方当事人都将是受害者。但问题在于判断事件是否属于“事前不可预知”与“事后无法抵抗”并没有一定的标准。因为对某一当事人来说无法预知的事情，在另一个当事人看来是可预知的；另外，对于一件事件，当事人是否能抵抗其给交易带来的负面影响，取决于当事人的能力，而不同当事人的能力显然也是不一样的。

因此，为保证交易中双方不产生不必要的纠纷，在合同里需要加上“force majeure clause”，即不可抗力条款。在不可抗力条款中，双方需要规定哪一些事件属于不可抗力，一旦发生不可抗力双方立即采取怎样的行动。

（2）纠纷解决方法

国际贸易中纠纷解决的方法包括和解、调解、仲裁与诉讼。简单来说，和解是指双方当事人在无外界介入的情况下自行解决纠纷的情况，应该说这是最理想的纠纷解决方法。但在现实中，纠纷一旦产生，很难通过双方当事人自身的力量去化解。在双方当事人无法通过自身的努力和让步化解纠纷的时候，第三方的介入就成为一种必要。在依赖第三方的纠纷解决中，可以分为司法解决与非司法解决两种。

所谓司法解决是具有强制力的第三方，使用法律法规授权的强制力判断纠纷中双方当事人的对与错，并提出双方当事人都必须接受的具有法律效力的解决方案，从而致使双方当事人停止纠纷。在通常的认识中，诉讼（依赖法院判决的纠纷解决方法）是最有代表性方法。但在国际贸易中，双方当事人处于不同的国家，鉴于各国的司法主权均不会承认外国司法机关的裁决，因此诉讼并不是国际贸易纠纷解决的常用办法。

相比诉讼，在国际贸易中更常用的纠纷解决方法是商事仲裁。严格来讲，商事仲裁是一种民间的纠纷解决方法，因为仲裁员并不是国家司法人员，但由于《纽约公约》① 所赋予的效力，商事仲裁的裁决结果在全世界大部分国家都是有效的。由于商事仲裁的民间性质，要想使用商事仲裁解决纠纷，双方当事人需要在合同里作出事前规定，其中包括双方当事人同意采取商事仲裁解决纠纷的意思表示、仲裁机关及程序法、实体法。需要注意的是，一旦双方当事人约定采用商事仲裁来解决纠纷，在纠纷发生时就不得向法院提起诉讼。同时，商事仲裁的裁决结果也是最终的结果，任何一方当事人都不能再次提起诉讼。

另一种国际贸易纠纷解决方法是调解，这是一种全新的纠纷解决思路。简单来说，调解与仲裁和诉讼是一致的，都是依赖于第三方的解决，但参与调解的第三方并不具有强制力，仅是协调双方的矛盾而已。调解员不具有强

① 全称为《承认及执行外国仲裁裁决公约》（*The New York Convention on the Recognition and Enforcement of Foreign Arbitral Awards*），是联合国所制定的保障仲裁裁决效力的国际公约，按照公约规定，任何一个公约缔约国所作出的仲裁裁决，在其他缔约国是具有法律效力的。我国也是缔约国之一。

制力的这一特点，既是优点，也是缺点。因为无强制力，所以在传统上认为调解的结果缺乏效力，但也正是因为如此，调解的结果是双方当事人达成的新的协议，这能在解决纠纷的同时很好地维护双方当事人的友好关系，这对于商业贸易来说是十分重要的。与仲裁一样，如果双方当事人需要采用调解来解决纠纷，也需要在合同里提前作好相关规定。

4.9.2 准据法和贸易术语的选择

在本书前面部分已经说明了准据法与贸易术语的重要性，虽然 CISG 和国际商会的 Incoterms®是当前国际贸易中选择最为广泛的准据法和贸易术语，但这并不意味着在国际贸易中只能选择 CISG 和 Incoterms®。因此，在合同里明确交易中的准据法和贸易术语是有必要的。

特别是准据法，由于 CISG 上存在法律空白，因此为避免发生纠纷时无法可依的窘境，在合同中规定准据法时采用 CISG 加上当事人国内法的做法是可取的，如 This agreement shall be governed as to matters including validity, construction and performance under and by United Nations Convention on Contracts for the International Sales of Goods (1980) and the Law of the People's Republic of China，意为合同的订立与履行需遵循 CISG 与中国法律。[①]

参考文献

[1] 张善斌，熊倪．比较法视野中买卖合同的价格条款［J］．西安电子科技大学学报（社会科学版），2014（6）：85－91.

[2] 刘长霞，秦岭南．国际货物贸易中价格待定合同的效力认定［J］．江西社会科学，2013（5）：176－180.

[3] 李彦荣．浅析国际贸易惯例［J］．技术经济与管理研究，2007（4）：125.

[4] 何新易．防范国际贸易中外商实施的质量讹诈［J］．经济前沿，2008（12）：40－44.

① 根据《中华人民共和国民法通则》第 142 条的规定，在涉外民事关系中，我国政府缔结的国际条约优先适用。因此将 CISG 与我国法律同时列为准据法时，如果二者有冲突时优先适用于 CISG（我国政府声明保留的间接适用原则除外），当 CISG 上出现空白时，将由我国的国内法进行弥补。

[5] 姜世波，王晓玮. CISG公约中的交易惯例问题探究 [J]. 中国国际私法与比较法年刊，2011，14 (1)：259 –285.

[6] 刘文. 我国国际货物买卖合同形式问题探析 [J]. 当代法学，2001 (1)：42 –44.

[7] 谢卫民. 论当事人对《联合国国际货物销售合同公约》的排除适用 [J]. 暨南学报 (哲学社会科学版)，2014 (3)：19 –24.

[8] 陈燕红. 国际商事合同仲裁条款独立性问题新探 [J]. 生产力研究，2012 (3)：93 –95.

[9] 饶军. 谈进口合同中易忽视的几个条款 [J]. 对外经贸实务，2001 (10)：25 –26.

[10] 黄勤. 国际货物买卖合同中的主要风险及应对措施 [J]. 企业经济，2016 (8)：77 –81.

[11] 许军珂. 从法律适用条款看冲突法对国际格式合同的规制 [J]. 政法论坛 – 中国政法大学学报，2005，23 (1)：181 – 188.

[12] 吴兴光. 国际货物买卖中的留待后定条款及其运用 [J]. 国际贸易，2010 (3)：54 –58.

5 结算合同

结算合同是双方当事人为了履行主合同中买方向卖方支付价款而与其他第三方订立的附属合同。在介绍支付条款的时候已经说过，买方向卖方支付价款的方法有汇付、托收、信用证等方法。在这三种支付方式中，汇付不需要第三者的介入，① 故而不存在与主合同密切相关的附属结算合同，而托收与信用证都需要第三者（银行）的介入，因此本章将以托收和信用证为中心展开论述。

5.1 托收

托收（collection）结算，顾名思义是卖方委托银行向买方收取价款。作为一种有银行介入的价款支付方式，对于托收应了解托收的流程、托收的种类、当事人的角色、托收的相关规则。

5.1.1 托收交易的流程

图 1 为托收的基本流程。详细说明如下。

① 双方当事人订立一份国际贸易合同，合同中的支付条款商定使用托收作为本次交易的支付方法。

② 当卖方按照国际贸易合同的要求完成商品出口的相关事宜，并在取得相关单据之后将单据②与相关票据交付托收行，委托其代为收取价款。

---

① 在汇付中，银行在买方对卖方的支付行为中仅仅是一个中介行为，这个行为是不依赖于买卖双方之间的交易合同的。因此从概念方面来讲，通常不会把银行在汇付中的中介行为视为一种“介入贸易”的行为。

② 在一些小额交易中也存在不使用票据的托收，在概念上称之为光票托收。

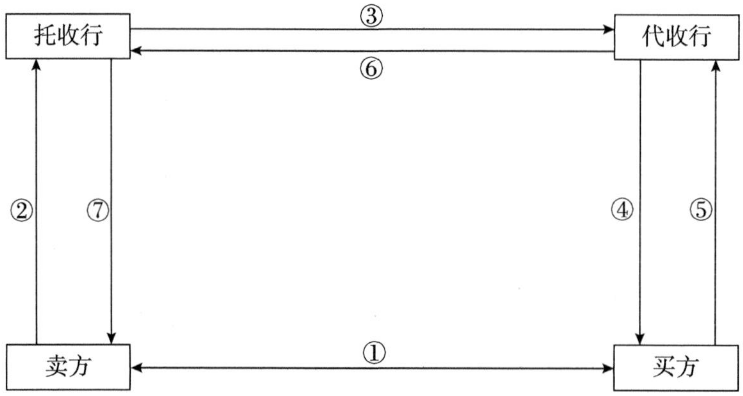

图1　托收的基本流程

③ 托收行在收到卖方所交付的单据与托收申请之后，会委托位于进口国的银行（代收行）代替自己向买方索取价款，在进行委托的同时，也会将相关单据交付代收行。

④ 代收行在收到代收价款的请求和相关单据之后，会向买方出示单据并要求买方支付相关价款。

⑤ 买方在收到代收行所出示的单据和支付价款要求之后，应该立即向代收行支付价款，同时接受相关单据（付款交单）；或者向代收行做出规定时间之后支付价款的承诺之后接受相关单据（承兑交单）。买方在收取单据之后利用单据接收商品。

⑥ 代收行在从买方处收取价款之后，将价款汇至托收行。

⑦ 托收行将价款交付卖方完成托收流程。

需要注意的是，在上述流程中，如果买方在收到代收行要求支付价款的要求之后表示拒绝，或者在承兑交单的过程中已接受商品但到期仍不支付价款的时候，银行只会将此事实通报给卖方，至于由此引发的双方当事人之间的纠纷，银行不会承担任何责任，也不会介入之后的纠纷解决。因此，托收的全过程是否能按照既定流程完成，取决于双方当事人的商业信用。

5.1.2　托收的种类

根据国际商会《托收统一规则》（URC 522）的规定，依据托收过程中代收行与买方之间支付价款与交付单据的顺序的区别，托收可以分为付款交单（documents against payment，D/P）和承兑交单（documents against acceptance，D/A）两种。另外，在进出口实务中还存在一种远期付款交单（D/P usance）的托收方式，但需要注意的是，远期付款交单并不是国际商会承认的一种托收方式，仅仅是进出口实务中处于交易的便利和需要对付款交单做出的一种变形。

（1）付款交单（D/P）

付款交单是各类托收中，对双方当事人相对公平的一种。在付款交单的交易中，卖方会出具以买方为受票人的即期汇票（sight bill of exchange），以此命令买方在见到汇票之后“立即无条件支付价款”。如果买方在见到汇票之后对支付价款表示拒绝，代收行将不会将相关单据交付给买方，并会将买方拒绝支付价款的事实告知卖方。

因此，在付款交单的交易中，如果买方不支付价款将无法获取单据，从而也无法利用单据接收商品，这就让卖方避免了钱货两空的风险。但是需要注意的是，如果买方出现拒绝支付价款的情形，由于商品已经起运，这对于卖方来说仍然是一种负担。所以，虽然付款交单中买方支付价款是接收商品的前提条件，但在卖方的立场上看，付款交单仍然是一种具有信用风险的支付方法。

在合同里，如果选择付款交单为支付方法的时候，可以写作“payment: under documents against payment at sight in USD”，意为“要求买方以美元为货币，以见票即付的条件领取单据”。

（2）承兑交单（D/A）

承兑交单是卖方风险极大的一种托收方式。因为在承兑交单的交易中，卖方出具远期汇票（time bill of exchange）命令买方在汇票到期日后支付价款，因此买方可以在不支付价款，仅仅给出一个“将会支付价款”的承诺即可从银行领取相关单据，并提走商品。在卖方的立场上看来，如果买方不遵守自己的承诺，卖方就会出现钱货两空的风险。相反，在买方的立场上，承兑交单类似于一种融资的手段。因为买方可以在支付价款之前先行提走商品并对商品进行销售，通过商品的销售筹集资金来支付价款（见图2）。

在合同里，支付条款写作“payment：under documents against acceptance after sight 90 days in USD”，意为“买方可在领取单据 90 天后以美元支付价款”。这样一来，买方获得了相当于 90 天的贸易融资，而卖方要承担相应的信用风险，在进出口实务中，如果使用承兑交单作为支付方法，通常情况下卖方会进行额外的信用风险管理（见图 2）。

Accepted on（Date） Payable at ××× Bank，(Address) Authorized Signature

图 2　D/A 交易中买方同意付款的示例

（3）远期付款交单（D/P usance）

远期付款交单在本质上与付款交单是一致的。使用这种支付方法，买方仍然需要以支付价款作为领取单据的前提条件。与付款交单不同的是，远期付款交单下，代收行会告知买方单据已经到达的消息，并向买方出示单据，要求买方在见到单据后的规定时间来“支付价款，领取单据”。

与付款交单相比，远期付款交单并不要求买方在见票后立即支付价款，而是在一定时间之后来支付；与承兑交单相比，远期付款交单不允许买方仅以承诺领取单据。因此，有观点认为远期付款交单是介于付款交单与承兑交单中间的一种支付方法。另外，在操作进出口实务的时候需要特别注意，由于远期付款交单并不是 URC 522 中规定的支付方法，一些国家的银行并不处理此业务。因此在订立国际贸易合同的时候，必须对对方国家银行的相关规定有所了解。

5.1.3　托收的当事人

如托收流程图所示，在托收的过程中有四个当事人参与其中。分别是作为国际贸易交易的主要当事人的买方与卖方，另有托收行与代收行等两家银行参与。

（1）卖方（seller）& 买方（buyer）

双方当事人是国际贸易交易中的主要当事人，双方负责对主合同中的各项细节进行协商。在使用托收进行结算的时候，双方当事人会在合同的支付条款中明确结算方式为托收，并会注明托收的类型。

（2）托收行（remitting bank）

托收行，在跟单托收中又称为寄单行，通常位于卖方所在国家，在托收流程中负责从卖方处接受托收的申请，如果是跟单托收的情况还需要从卖方处接受相关单据和汇票。[①] 托收行会在收到托收的申请和单据之后，通知代收行向买方收取价款。

托收申请书

<table>
<tr><td>Principal Reference</td><td>Collection Order</td></tr>
<tr><td rowspan="2"></td><td>Amount</td></tr>
<tr><td>Tenor</td></tr>
<tr><td rowspan="2">Drawee/Consignee</td><td>Drawee if not Consignee</td></tr>
<tr><td>Domicile</td></tr>
<tr><td>Remitting Bank</td><td>Collecting Bank to be used</td></tr>
<tr><td>Transport details</td><td>We send you the enclosed documents for collection in accordance with our instructions and subject to the Uniform Rules for Collection (Publication No. 522) of the International Chamber of Commerce, Paris as far as these are applicable.</td></tr>
</table>

① 在托收的流程中，依据是否需要单据可以将托收分为跟单托收（documentary collection）和光票托收（clean collection）。一般情况下，光票托收只用于小额交易和尾款结算，在一般贸易中并不常用，本书不对其做深入讨论。

Goods			
Documents	No.	Deliver commercial documents	Hold until arrival of goods?
Bill of Exchange Commercial Invoice Transport Documents Certificate of		□ Against acceptance □ Against payment Accepted Bill of Exchange □ Collect when due □ To be returned to you Protest for Non – Acceptance □ Yes □ No Protest for Non-Payment □ Yes □ No Also Collect Waive If Refused □ Interest as per Bill of Exchange □ Yes □ No □ Interest as Detailed Below □ Yes □ No □ Your Charges □ Yes □ No □ Further Collection Charges □ Yes □ No	□ Yes, or request of drawee only □ No Accept deposit in local country? □ Yes, against drawee's guarantee concerning exchange risk □ No In case of need, consult □ For assistance only □ No □ Request tele-transmitted advice to you? □ Acceptance and due date □ Payment □ Non-acceptance and reason □ Non-payment and reason Proceeds to be remitted to you □ By tele-transmission method upon receipt, credit proceed to our account No.
Additional instructions			
Place, date and principal's authentication or signature			

(3) 代收行（collecting bank）

代收行是位于买方国家的银行。在托收的流程中，代收行从托收行处收取单据，在不对单据进行审查的情况下向买方提出付款或承兑的要求。这里需要注意的是，既然代收行没有对单据进行审查的责任，那它也无须对单据的真伪或效力负责，同时也不会对买方拒绝付款或拒绝承兑负责。

5.1.4 托收事故处理

所谓托收事故，一般指在代收行向买方提示单据并要求其付款或做出承兑时，买方拒绝付款或拒绝承兑的问题。理论上，出现托收事故的时候，代收行会将买方拒绝付款或拒绝承担的事实通过托收行转达给卖方，至于托收事故造成的卖方无法回收货款的损失，则全部由卖方自己承担。

按照当前 URC 522 的规定，在付款交单的情况下，如果托收指示中没有明确期限，通常要求买方在 15 天之内进行付款赎单，如果买方明确拒绝，或在经过 15 天之后仍不对代收行的付款赎单要求作出回应，则构成托收事故。此时，代收行应立即将此信息通过托收行向卖方进行通报。在代收行通过托收行向卖方通知买方的拒付事实后，代收行会等待托收行与卖方的进一步指示，如果在 60 天之内代收行没有得到进一步的托收指示，会将相关单据返还托收行。

另外，在部分国家存在的银行惯例中存在一种托收议付（D/P Nego）。在托收议付中，卖方会向银行提出提前回收货款的要求，部分银行会答应这种要求，在买方付款前就以自有资金向卖方提前支付货款。在 D/P Nego 的交易中，如果一旦出现托收事故，银行会行使追索权（recourse right）来保障自己的利益。因此，可以看出，在托收交易中一旦事故发生，无论是采取哪一种托收形式，所有的损失都需要由卖方自己承担。

从合同的角度来理解，托收这种结算方式，虽然有银行的介入，但银行只提供了一种相当于“承揽合同”的服务。在托收这种“承揽合同”中，银行提供了“符合 URC 522 的托收服务”，但对于托收的结果，并不是承揽合同要求完成的义务。所以，买方是否付款或者承兑，这是交易主合同（买卖合同）中买方的义务，与托收无关。

5.1.5 托收事故风险的预防

上文提到，托收事故所造成的风险都是由卖方来承担的，因此在现实中卖方必定有对这种风险进行预防的需求。对于托收事故风险的预防，在实务中可以使用一些金融商品。

（1）保理（factoring）

保理是一种将出口形成的应收账款转让给保理企业（factor）的金融商品。托收交易中，无论是付款交单还是承兑交单，卖方都只能在完成出口并获取相关单据后才能发起货款回收的程序，严格来讲托收其实是一种延付的结算方式。因此，卖方在完成货物的装运之后，就形成了应收账款，而保理就是对这种应收账款的管理方式。

当前常见的保理商品有两种形式：第一种是单保理（one - factor system）。在卖方选择单保理时，他可以将应收账款出售给专门的保理公司（如银行），通过出售应收账款的方式在买方付款之前提前回收货款。在单保理的交易模式中，存在含追索权（with recourse right）和不含追索权（without recourse right）两种模式。在不含追索权的保理中，卖方将应收账款出售给保理公司之后，无论买方最后是否付款，对卖方都不存在影响。事实上，卖方通过保理将买方不付款的信用风险转嫁给保理公司，当然保理公司会收取相应的手续费。即使是含追索权的保理中，卖方也可以获得提前回收货款的金融效果。

第二种是双保理（two - factor system）。这是在单保理的基础上，追加进口国保理公司的金融商品。双保理的交易流程可以用图 3 来描述。

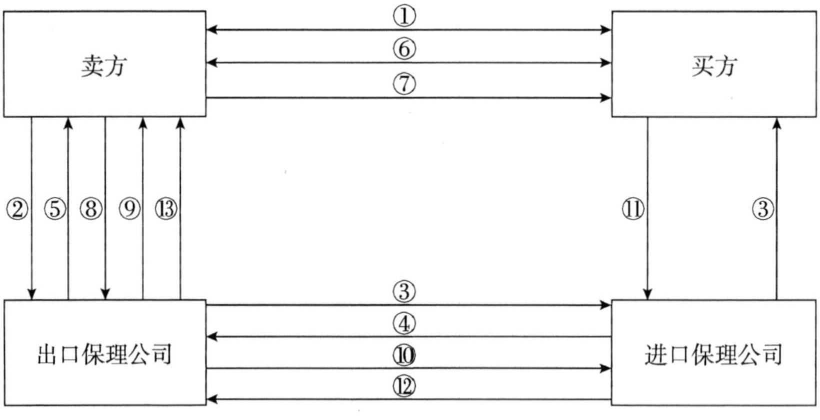

图 3　双保理交易流程

资料来源：根据 Park（2014）资料整理。

如图3所示，与单保理相比，双保理交易中拥有两个保理公司的参与。其交易流程可以简化为：①双方当事人相互具有交易的意向，开始进行接触性谈判；②卖方为自己的交易安全向出口保理公司提出信用调查申请；③出口保理公司通过进口保理公司对买方的信用状况进行调查；④进口保理公司向出口保理公司反馈买方信用调查结果；⑤出口保理公司向卖方报告买方信用状态；⑥卖方在接受买方的信用状况之后，与买方订立交易合同；⑦卖方向买方发运商品；⑧卖方向出口保理公司销售应收账款；⑨出口保理公司向卖方支付货款（部分）；⑩出口保理公司向进口保理公司交付商业发票等单据，并要求进口保理公司代为回收货款；⑪买方向进口保理公司支付货款；⑫进口保理公司向出口保理公司支付货款；⑬出口保理公司与卖方清算余款。

在双保理交易中，有两点需要注意："⑨出口保理公司向卖方支付货款"的时候，出口保理公司支付的只是部分货款，出口保理公司对这部分货款不享有追索权，即如果最终买方拒绝支付货款，卖方也能有最低的货款回收保障。"⑬出口保理公司与卖方清算余款"时，所结算的金额是在发票金额上扣除提前支付的无追索权货款以及相关手续费之后的金额。如果买方拒绝支付货款，出口保理公司自然也不会执行这步操作。

（2）出口信用保险（export credit insurance）

在国际贸易中，信用保险是卖方立场上较大的风险之一。在延付交易中，卖方只能在商品发运之后方能回收货款，即使在付款交单的交易中，卖方不会承担财货两空的风险，但对于已经发运到进口国的商品进行再次回收也是一大难题。因此，对信用风险进行事前管理是非常有必要的。

一般来讲，信用风险管理是一项较为专业的业务，需要专业人员才能很好地处理，但并不是所有国际贸易企业都具有这样的能力，尤其对中小企业而言，进行专门的风险管理并不容易。而出口信用保险是最简单的信用风险管理手段。

一般来讲，保险是一种营利性的金融活动，保险人（保险公司）之所以愿意代替被保险人承担风险是因为在这种保险活动中保险人有利可图。有一点需要注意，在保险人立场上，并不是所有的风险都具有进行营利性保险活动的价值。传统的研究观点认为，信用风险并不能成为营利性保险活动承保的对象[①]。但不可否认的是，国际贸易实务中确实有对信用保险的需求。因此，在现实中，政府通常会以政策保险的形式为本国企业提供用于管理信用风险的保险服务。在我国，中国出口信用保险公司的（简称中信保，Sinosure）便承担了这一角色。在进行托收交易时，如果卖方购买了出口信用保险，那么如果在遭遇到托收事故，卖方因买方的拒付受到损失则可以转嫁给保险公司承担。

5.2 信用证

信用证（Letter of Credit，L/C）是当前国际贸易中最复杂的结算工具，同时也是成本最高的结算工具，但也是最安全的结算工具。根据概念，信用证是一项“开证行给予受益人的有条件支付承诺”，信用证一旦开立，贸易结算中的第一付款人责任就由银行担当，即“银行信用替代了商业信用”，从而消除了卖方在交易中的信用风险问题。

5.2.1 信用证交易的流程

信用证交易的流程可以用图展示。

如图4所示，信用证的交易流程可以简化为6步：①受益人（卖方）与开证申请人（买方）订立合同，合同中约定使用信用证作为结算方式；②开证申请人向开证行提交开证申请，开证行审核后开立信用证；③开证行将信用证已开立的信息通过通知行告知受益人；④受益人在审核信用证并决定接受信用证条件之后开始发运货物，并将信用证上要求的单据提交付款行审核，付款行审核后如判定为“相符交单”则向受益人支付货款；⑤付款行将单据移交开证行，开证行向付款行偿付货款；⑥开证申请人向开证行付款赎单。通过上述6步，货款实现了从开证申请人转移到受益人，同时相关单据也转

---

① Chang（2014）认为，一个风险要具有承保的价值，需要有同时具备6大要素：a. 风险必须是大量且同质的；b. 风险必须是偶然发生的；c. 风险带来的损失需要可观测；d. 风险不会带来过大损失；e. 损失发生的概率可计算；f. 保费不会过高。但Zhou and Jin（2016）研究认为，包括信用风险在内的国际贸易风险，并不满足这6大特点。

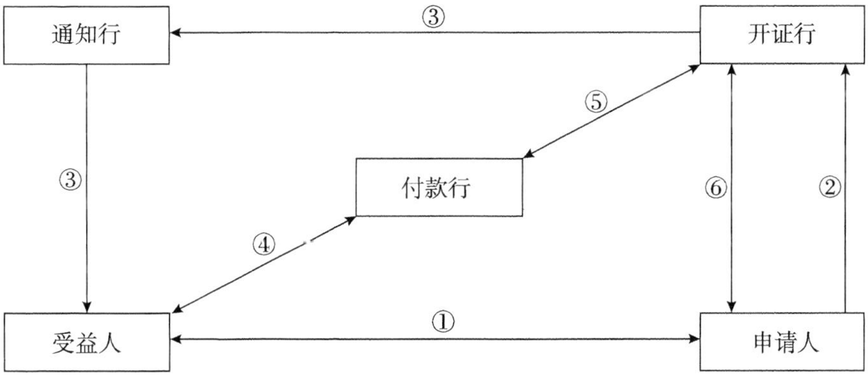

图4 信用证交易流程

移到开证申请人，开证申请人可以利用单据提走商品。

从上述交易流程中可以看出，使用信用证交易时，向卖方付款的是银行，而银行向卖方付款的条款是卖方提交的单据，构成“相符交单”。因此，使用信用证交易时，卖方只需将精力集中到如何完成“相符交单”上，而买方信用好坏并不对卖方回收货款产生任何影响。

5.2.2 信用证的种类

在有关信用证的文献中，对信用证有各种不同的分类方式。但事实上，根据《跟单信用证统一惯例（UCP 600)》，信用证只有3种形式，在这3种形式中付款行承担了不同的角色。

（1）付款信用证与延期付款信用证

付款信用证（payment L/C）是一种即期信用证（at sight L/C）。[①] 这种信用证的交易中，开证行会在信用证中指定一个付款行，受益人只能将信用证上要求的单据提交给这个指定的银行，付款行在审核单据后，会以“无追索权”的形式向受益人支付货款。在实务中，付款信用证的付款行通常是开证行的海外分行，付款行实际上是以开证行的代理人（agent）的身份付款。

① 即期信用证是指付款行在审核受益人所提交的单据，并核准其为“相符交单”之后，立即向受益人支付货款的信用证。如果付款行并不立即付款，而是等到一定时间后付款的信用证则称为远期信用证。

而延期付款信用证（deferred payment L/C）与付款信用证在本质上是完全一样的，但是付款行在审核单据后，会在约定的一段时间之后再向受益人付款。

（2）承兑信用证

承兑信用证（acceptance L/C）是一种远期信用证。根据《中华人民共和国票据法》的相关规定，承兑汇票的持有人在汇票到期之前，要求付款人在该汇票上做到期付款的记载，当付款人作出承兑的意思表示之后，等于承诺了汇票到期日付款。顾名思义，承兑信用证中，付款行在收到受益人所提交的单据之后对单据进行审核，如确认为“相符交单”，付款行即对受益人所提交的单据所附带的汇票进行承兑，承诺在汇票到期之前支付汇票上所明示的货款金额。因此，承兑信用证有以下三点特征。

第一，承兑信用证需要汇票。在承兑信用证中，付款行在审核单据之后，如果确认为相符交单，会在一段时间后支付信用证上明示的货款金额。因此，在受益人立场上，他需要银行对这种“未来的支付行为”作出保证。在实务中，受益人是通过签发汇票（bill of exchange）来实现的。根据英国票据法的定义，汇票是一种无条件支付命令，而承兑汇票表示付款人接受这种命令。因此，承兑信用证的交易中，受益人一定会签发汇票，这与付款信用证与延期付款信用证是不同的。

第二，承兑信用证是一种远期信用证。票据法规定，承兑只是付款人承诺在汇票到期之前支付相关款项，因此在汇票承兑的时候，付款人只是留下了“将会付款”的承诺，汇票持有人并不能立即获得相应货款金额。所以在承兑信用证中，受益人得到的是付款行在未来支付的承诺，因此这是一种远期信用证。

第三，受益人可以利用银行承兑的汇票进行融资。因为付款行对受益人签发的汇票进行了承兑，保证在汇票到期日之前会支付相应货款金额，那么对持有这张汇票的当事人而言，在未来收回一定金额是可以期待的，因为银行信用值得信赖。如果受益人在汇票到期日之前就需要资金，他完全可以以背书的形式将汇票转让给其他人，从而提前收回货款，当他选择这样做时，虽然承兑信用证是一种远期信用证，但受益人可以取得即期信用证的效果。

（3）议付信用证

很多介绍信用证的文献都会提到一种议付信用证（negotiating L/C），甚至一些文献会将议付信用证作为最主要的信用证种类进行介绍。有趣的是，翻看老版本的《跟单信用证统一惯例（UCP 500）》，确实可以找到有关议付信用证的介绍，老版本的《跟单信用证统一惯例》中将议付信用证与付款信用证、延期付款信用证、承兑信用证并列。但在新版本的《跟单信用证统一惯例（UCP 600）》中却删除了议付信用证的相关内容。

事实上，议付信用证与其说是一种信用证种类，不如说是一种信用证的交易方式。要理解议付信用证，首先应该了解“议付”这种行为。所谓的议付，其实是指开证行以外的第三方银行，将符合“相符交单”的单据与汇票整体买入的行为，其目的是之后向开证行索取信用证上明示的货款金额，由于买入单据的价格通常会低于信用证上明示的金额，因此参与议付的银行在议付过程中是有利可图的。在今天的信用证交易实务中，如果信用证可以议付，在信用证条款中通常会加入相关的内容。这种议付条款通常又可以分为两种：一种是“negotiable by any bank”，此时受益人可以将单据出售给任何一家银行；另一种是“negotiable by ××× bank”，这里的×××是某一特定银行名，此时受益人只能通过×××银行进行议付。

有关议付信用证，需要注意以下两点：

第一，议付行与开证行没有任何法律意义上的关系。在议付信用证中，议付行会替代信用证交易流程中付款行的角色。议付行在整个交易中只是为了赚取买入单据的价格与信用证上明示金额差，其与开证行之间并没有法律意义上的关联。

第二，议付信用证交易中，议付行保有对议付时支付给受益人的金额的追索权。在实务中，为了使议付交易可以顺利进行，受益人通常会签发一份让开证行付款的汇票（开证行为受票人的汇票）的命令，并通过背书的形式转让给议付行。如果一切顺利，议付行将单据提交给开证行时，开证行会进行单据审核，并会在认定单据满足“相符交单”时向持有汇票的议付行付款。但这里存在一个问题：议付行从受益人手中购取单据时，他会根据他的审单标准进行第一轮单据审核，只有在议付行认为受益人所提交的单据构成“相符交单”时他才会收购单据。但由于议付行与开证行并不是同一家银行,[①] 他们的审单标准有可能存在差异，如果议付行认为受益人所提交的单据构成“相符交单”，而开证行认为不是的时候，议付行并不能从开证行处顺利收回信用证上明示的金额。此时，法律上会认为“受益人签发的汇票遭到拒付”，根据票据法的相关规定，议付行可以行使追索权向受益人追回已经支付的金额。

虽然在新版本的《跟单信用证统一惯例》中，议付信用证并不被认为是一种独立的信用证种类，但议付信用证确实有其存在的价值。在受益人的立场上，使用议付的方式可以让自己更早收回货款，尤其是在远期信用证交易中，将单据出售给议付行，实际上达到了一种将应收账款贴现融资的效果。而在议付行的立场上，议付本身是一种营利行为，因此议付行可以通过议付获得一笔交易的机会。

5.2.3 信用证的当事人

信用证的当事人是指参与信用证交易的人。根据信用证的定义——信用证是银行（开证行）给予受益人的有条件支付承诺。从这里可以看出，定义中明确了信用证有两个当事人，即开证行和受益人。当然，为了信用证交易的便利，信用证交易还会有其他当事人的参与。

（1）信用证的法定当事人

信用证的法定当事人是信用证交易中与交易直接相关的当事人。在定义中明确的开证行与受益人就是法定当事人。

开证行（issuing bank，opening bank）是指受开证申请人的要求开立信用证的银行。开证行开立信用证之后，即对受益人有了支付承诺。需要注意的是，开立信用证之后，开证行具有的是一种付款承诺的义务，而非担保。在法律上，承诺与担保具有截然不同的法律意义。担保是一种第二责任，而承诺是第一责任。即在信用证交易中，开证行对向受益人付款负有第一责任，

① 在交易惯例上，议付行有可能是开证行的海外分行，但即便如此，根据当前的信用证交易惯例，同一家银行的不同国家分行，会被视为不同银行。

而并非在开证申请人拒付时才进行补位。更直白地讲，当信用证开立之后，贸易交易中开证申请人的付款责任就完全由开证行来替代。只要受益人提交的单据构成“相符交单”，无论开证申请人是否会拒付，开证行都必须向受益人付款。

受益人（beneficiary）是国际贸易中的卖方，也是信用证上明示金额的收取人。受益人在信用证交易中，需要按照信用证的要求提交单据，受益人也只需要提交合适的单据就可以保证自己能正常回收货款。

另外，保兑行（confirming bank）也被认为是信用证的法定当事人。信用证交易之所以安全，是因为开证行以银行信用替代了开证申请人的商业信用。虽然在大部分情况下银行信用会好于商业信用，但这也不是绝对的。如果开证行自身的信用状态不佳，那么信用证就失去了意义。为解决这种情况，在实务中存在一种保兑信用证，即利用开证行以外的银行，与开证行共同对信用证的支付承诺做出保证。在保兑信用证中，保兑行必须与开证行承担同等责任，即同为支付的第一责任人。因此，保兑行也被列为信用证的法定当事人之一。

（2）信用证中其他当事人

虽然信用证只是开证行与受益人之间的交易，但这个交易流程较为复杂，要完全实现信用证交易，还需要其他当事人的参与。虽然这些当事人并不是信用证法律意义上的当事人，但仍然对信用证交易起着至关重要的作用。

开证申请人（applicant）是国际贸易中的买方，也是向开证行提出信用证开立申请的当事人。开证申请人与开证行的关系需要特别注意，开证申请人并不是信用证的法定当事人，但开证申请人作为国际贸易的买方，如果没有他的存在，就不存在国际贸易合同，自然也不存在信用证。另外，开证行是替代开证申请人承担交易中付款的第一责任人，开证行最终还要依赖开证申请人的付款赎单，因此开证申请人与开证行在某种意义上属于利益共同体。

通知行（advising bank）是当信用证开立之后，从开证行处收取信用证，并向受益人通报的银行。通知行在信用证交易中并不承担过多的责任，他只需要从开证行处收取信用证之后，检查信用证“外观是否完整”即可，而不需要对信用证条款的真实性做出保证。通知行参与信用证交易，仅仅是为了收取信用证通知过程中的手续费。需要注意的一点是，在实务中，为了交易的便捷，开证行通常会选择自己的海外分行扮演通知行的角色。如中国银行开立一张受益人为美国公司的信用证，那么中国银行的美国分行会承担通知行的角色。

付款行（paying bank）是负责第一轮审单后向受益人支付信用证明示金额的银行。需要注意的是，根据信用证种类的不同，付款行的操作也不同，其名称也会有所区别。如：在付款信用证或延期付款信用证中，付款行是开证行的代理人，负责代替开证行进行审单，并向受益人以“无追索权”的条件支付信用证明示金额，此时他就成为支付行（payment bank）；在承兑信用证中，付款行在审单后对开证申请人提交的汇票进行承兑，并在汇票到期前付款，此时他就成为承兑行（acceptance bank）；如果信用证出现议付，付款行则在审单后买入信用证的全套单据，并在“保留追索权”的条件下向受益人付款。

5.2.4 信用证的法律属性

（1）独立性原则

信用证的存在是为了国际贸易合同的顺利履行，但回到信用证的定义上，信用证是开证行对受益人的有条件支付承诺，可见定义中并没有提到任何有关国际贸易合同的信息。事实上，信用证是一个自给自足的文件，它本身也是一个合同关系，是开证行与受益人之间的合同，合同约定当受益人提交了符合信用证要求的单据并构成“相符交单”时，开证行就向受益人支付信用证上明示的货款金额。换言之，开证行是否要对受益人进行付款，并不取决于受益人作为国际贸易的卖方是否履行了国际贸易合同，或者说信用证虽然是为了国际贸易合同的履行而开立，但它是独立于国际贸易合同的存在。这个性质被称为独立性原则。

（2）抽象性原则

付款行通过审单之后，在确认受益人所提交的单据构成“付款交单”之后就会支付信用证上明示的金额。这里需要注意的是，付款行在决定是否付款的时候，并没有确认受益人是否履行了国际贸易合同中的义务，且也没有权利去过问。根据《跟单信用证统一惯例》的规定，银行在决定是否付款时，是“依靠且仅依靠单据做出的判断”，因为银行本身也只是单证专家，而不是国际贸易业务专家，银行只是基于单证来判断受益人已经履行了国际贸易合同的义务。当然，这种判断具有一定的抽象性，这也构成信用证的抽象性原则。

阅读材料：

信用证的独立性原则与抽象性原则会带来什么？

独立性与抽象性是信用证的根本法律属性，它们保障了信用证的交易迅速达成。但独立性与抽象性原则的存在，也能给信用证交易带来一些副作用。主要体现在两个方面。

第一，独立性与抽象性会带来信用证欺诈问题。由于付款行在决定是否要向受益人付款时，其只会根据单据是否构成“相符交单”来判断，如果受益人存在一种恶意，在自己并没有完成国际贸易合同中的义务的时候，就通过“伪造、变造”等手段，制造出满足相符交单要求的单据，受益人依旧可以得到信用证上明示的金额。在这种情况下，即使开证申请人已经通过其他途径了解到受益人正在以欺诈的手段企图获取信用证上明示的金额，但法理上开证申请人也没有资格去阻拦银行的付款。因为基于独立性原则，受益人只是违反了国际贸易合同，而没有违反他和开证行之间的信用证交易，而信用证交易是独立于国际贸易合同的。

第二，独立性与抽象性会带来信用证软条款问题。软条款（soft clause）是一种在信用证中阻碍受益人完成“相符交单”的条款。如果信用证中包含这种条款，将对受益人的利益构成伤害。假设，信用证中包含了某种受益人无法提交的单据，即使受益人已经履行了其作为卖方在国际贸易合同中的义务，也无法取得信用证上明示的金额，因为付款行在判断是否要向受益人付款时只考虑是否满足“相符交单”，但在软条款的干扰下，受益人要做到“相符交单”存在困难。

信用证交易中的欺诈与软条款问题在独立性原则与抽象性原则下是

无解的，如何预防信用证欺诈与软条款，成为信用证研究的一个重要主题。

5.2.5 信用证的操作注意事项

（1）开证申请人的注意事项

信用证的使用解决了开证申请人不受受益人信任的问题，但由于独立性原则的存在，信用证开立之后让开证申请人失去了对交易的控制。因此，在开证申请人的立场上，力促自己能在受益人与开证行的交易中有介入能力是有必要的。通常情况下，开证申请人会要求开证行在开立信用证的时候加入与自己相关的条款，如："PAYMENT UNDER THIS L/C IS SUBJECT TO THE PRESENTATION BY THE APPLICANT TO THE ISSUING BANK CERTIFYING DOCUMENTS THAT GOODS IS FIT FOR HUMAN BY CHINESE GOVERNMENT AUTHORITIES" "INSPECTION CERTIFICATE ISSUED AND SIGNED BY THE AUTHORIZED PERSON OF APPLICANT WHOSE SIGNATURE MUST BE IN CONFORMITY WITH THE RECORDS HELD IN OUR FILE CERTIFYING"。在这类条款的影响下，开证申请人可以对受益人的行为，特别是"伪造、变造"单据的行为形成一定制约。

（2）受益人的注意事项

在实务上，受益人通过通知行收到信用证之后会对信用证作出三项基本检查。

第一，检查信用证的开证行信用。一般来讲，当国际贸易合同中约定使用信用证作为结算方式之后，开证申请人会向开证行申请开立信用证，在没有其他明文约定的情况下，开证申请人究竟向哪一家银行申请开立信用证是开证申请人的权限。如果开证申请人所选择的开证行信用状况不佳，对受益人而言就会失去使用信用证进行结算的意义。因此，受益人应该首先检查开证行的信用，如开证行信用不佳，则应该要求保兑行的介入。

第二，检查信用证条款与国际贸易合同是否相符。鉴于信用证的独立性原则，信用证与国际贸易合同在法理上并没有相互隶属的关系，但在实务中信用证又是根据国际贸易合同开立的。如果信用证与国际贸易合同不一致或者相互矛盾，受益人就会陷入尴尬的境地。受益人如果满足信用证的要求准备单据，虽然可以顺利回收货款，但会造成国际贸易合同上的违约；相反，如果受益人满足了国际贸易合同的规定，却不能顺利回收货款。因此，受益人必须对信用证与合同进行核对，如果发现两者不符合，需要提出信用证修改申请。

第三，检查信用证条款中是否存在软条款。因为软条款会直接对受益人的“相符交单”构成阻碍，受益人必须在准备信用证单据之前就提前识别其中可能存在的软条款，并提出修改意见。但识别信用软条款是一个具有高度技术要求的工作。这一点需要相关业务人员仔细钻研。①

阅读材料：

信用证软条款是一种欺诈吗？

软条款是一种阻碍受益人“相符交单”信用证的条款。由于开证行在开立信用证时不具有加入软条款的动机，因此大部分时候软条款都是由于开证申请人的要求加入的。那么，开证申请人的这种行为是一种欺诈吗？针对此问题学术界并没有定论。前人的研究对此有以下三种不同观点。

第一，软条款是一种欺诈。有很大一部分软条款都赋予了开证申请人干涉信用证交易的权利，这本身就违反了信用证的独立性原则。开证申请人违反规则介入信用证交易，这已经不是一种正常的行为，加上软条款的加入对受益人的利益构成了直接侵害，故软条款是一种欺诈行为。

第二，软条款不是一种欺诈。欺诈是一个商法概念，根据《国际商事合同通则》的解释，欺诈是指意欲诱导对方犯错误，并因此从对方的

① Zhou，Park and Oh（2018）通过研究认为，信用证的软条款来源于对独立性原则与抽象性原则的破坏，由于信用证的法定当事人只有受益人，开证行、保兑行，只要在信用证条款中赋予其他当事人，特别是开证申请人，干涉信用证交易的权利时，即有可能构成软条款。当然，赋予开证申请人权利的条款有可能是出于开证申请人自保的目的，至于软条款如何识别需要具体案例具体讨论。

损失中获益的行为。软条款确实让受益人的利益受损，但开证申请人谈不上诱导或欺瞒，因为软条款是作为信用证条款记入的，受益人在检查信用证的时候包括软条款在内的所有信用证条款都是公开的。因此，虽然软条款对信用证的交易，以及受益人的利益都构成伤害，但并不满足欺诈的定义。

第三，软条款是否构成欺诈要根据具体案例判断。本书在介绍开证申请人的信用证操作技巧时提到，信用证开立之后，开证申请人就不能介入信用证交易，这对开证申请人来说是一种风险，因此在信用证中加入赋予自己权利的条款是一种自我保护。因此，如果信用证的软条款来源于开证申请人的自我保护，那么当受益人在完成国际贸易合同中的义务之后，开证申请人并没有任何理由动用软条款来阻碍受益人的相符交单。这种软条款本身就不具有恶意，自然也不能算作一种欺诈。如果开证申请人在信用证中加入软条款本身带有一种恶意，则可以认为这是一种欺诈。当然，第三种观点并不能运用于实践，因为除开证申请人本人外，其他当事人不可能知道开证申请人加入软条款的目的。

参考文献

[1] 张启辰．信用证进口押汇风险及防范［J］．中国商论，2020（20）：78－79.

[2] 张明蓉．国际贸易中出口商面临的信用证风险及应对策略［J］．中国市场，2020（29）：78，82.

[3] 鞠萍，李宜伟．从一则案例看中小出口企业结算方式的选择［J］．对外经贸实务，2020（9）：67－69，77.

[4] 杜善军．对我国信用证结算存在的问题及对策研究［J］．中国市场，2020（20）：59－60.

[5] 张艺凡．浅谈信用证海运提单的风险防范及应对措施［J］．物流工程与管理，2020，42（7）：140－142.

[6] 马东丽．新时期国际贸易中信用证欺诈的现状及其防范［J］．对外经贸实务，2020（7）：65－68.

[7] 王金根．UCP 600 信用证失权规则研究［J］．国际经济法学刊，2020（3）：128－140.

[8] 赵朝清. 基于第二受益人视角的可转让信用证风险管控 [J]. 现代企业, 2020 (5): 85-86.

[9] 葛茵. 信用证欺诈的法律救济制度研究 [D]. 沈阳: 沈阳师范大学, 2020.

[10] 孙琳琳. 对混合付款信用证的几点思考 [J]. 中国外汇, 2019 (24): 59.

[11] 黄技明. 出口托收单据制作相符性探讨 [J]. 对外经贸实务, 2019 (10): 62-65.

[12] 李雪莲. 信用证付款条件下国外出口商晚发装船通知案例探讨 [J]. 对外经贸实务, 2019 (8): 66-68.

[13] 杨巧, 蒋勇. 国际结算 [M]. 南京: 南京大学出版社, 2019.

[14] 彭茂佳. 托收业务中银行的风险及防范 [J]. 经贸实践, 2018 (18): 144.

[15] 曹训立, 武义海. 一宗无指定银行延期付款信用证开证行做出到期承付后被止付的案例分析 [J]. 对外经贸实务, 2018 (6): 74-76.

[16] 张文敬, 张一欣. 实例分析商业信用付款条件下易于忽略的卖方风险 [J]. 对外经贸实务, 2016 (3): 73-75.

[17] 刘静. 远期付款交单托收业务蕴含的风险 [J]. 中国外汇, 2011 (15): 57.

[18] 贺骁. 出口跟单托收的风险及其防范 [J]. 国际商务财会, 2009 (3): 47-48.

[19] 蒋勇. 国际结算基本方式的适用及其影响因素分析 [J]. 黑龙江对外经贸, 2008 (12): 61-62.

6　海上保险合同

“海上保险”（marine insurance）名为海上，其实指对抗包括海上，以及航海事业相关的陆上、航空运输中风险的保险制度。这种保险具有以下特征：

第一，海上保险具有国际性。由于国际运输的性质，受海上保险保障的区间通常情况下处于国际公共领域（如公海），因此海上保险相关的法律法规必须具有一定的国际性质。

第二，海上保险是一种企业保险。虽然国际贸易并不一定是企业间的交易，但海上保险的投保人必定是从事国际贸易企业或者从事运输的企业。个人投保并不会被纳入海上保险的范畴。

第三，海上保险是一种补偿性保险。这种保险只有在货物发生损害时才发挥补偿作用，这与储蓄型保险有本质区别。

根据英国《1906 海上保险法》（MIA 1906）的规定，海上保险是基于海上保险合同（contract of marine insurance）而成立的，海上保险合同是指保险人在约定的范围内，对被保险人在航海中发生的损失进行补偿的合同。

在国际贸易中，卖方向买方交货，由于双方当事人无法面对面交易，货物必须通过承运人间接交付买方。因此，如果货物采取出口国交付的形式（贸易术语 E、F、C 条件），买方会对货物在运输过程中可能遭受的风险而担忧；如果货物采取进口国交付的形式（贸易术语 D 条件），卖方同样会对货物在运输过程中可能遭受的风险而担忧。[①] 因而，海上保险就承担了对冲运输过程中的风险，缓解双方当事人对于货物担忧的作用。

---

① 国际贸易中的商品流通，商品必然在一段特定的运输过程中处于承运人的控制之下，由于承运人不可能成为货物的“主人”，身为“主人”的卖方或者买方都会在运输过程中失去对货物的控制。因此，无论是采用出口国交货还是进口国交货，买卖双方中身为货主的一方都会存在担忧。

海上保险合同的主要内容会包括投保人、被保险人、投保金额、保险条款等内容，这些内容要提前在国际贸易主合同中进行一一约定并不现实，在多数情况下海上保险的内容会依照国际贸易惯例而确定。一般而言，海上保险会由负担风险的一方当事人进行投保，但在 CIP 和 CIF 术语下会由卖方进行投保。

6.1 海上保险合同

6.1.1 海上保险合同的法律性质

为最大限度发挥海上保险的作用，海上保险合同这种法律行为具有重要意义。海上保险合同在法律上具有以下性质。

（1）诺成不要式合同

海上保险合同是一种诺成不要式合同。在性质上，一份海上保险合同在投保人与保险人之间的意思表示达成一致时订立，符合诺成合同的性质；投保人与保险人作出意思表示时没有形式上的限制，符合不要式合同的性质。

需要注意的是，海上保险合同虽然是一种诺成合同，却带有一定实践合同的性质。因为按照诺成合同的性质，海上保险合同应该于投保人与保险人意思表示达成一致时订立，但当前的海上保险实践，保险人对于风险的承担从投保人缴纳保费时方可开始。换句话说，保险人在海上保险合同中的义务，需要在投保人履行了一定保险义务之后才会对保险人形成约束。

另外，在海上保险实践中会存在一种保险单（insurance policy）和保险证明（insurance certificate），但这两种单据只是对海上保险合同的一种证明，其本身并不意味着海上保险合同需要特定形式。

（2）有偿双务合同

海上保险合同是一种有偿合同。在合同中投保人与保险人具有一种给予与被给予的对价关系。在海上保险中，保险人需要按照合同约定的方法在约定的范围内给予被保险人相应的补偿。相反，投保人需要支付相应的保费。也正是由于这种有偿合同的性质，投保人与保险人都在合同中承担相应义务。因此海上保险合同也符合双务合同的性质。

(3) 附合合同

海上保险合同是一种附合合同。所谓附合合同，是一种与商议合同相对立的合同形式。在订立附合合同时，双方当事人并不会对合同的各项细节进行商议，一方当事人提出交易的条件，另一方当事人只能在“同意”与“不同意”之间进行选择。从海上保险合同的订立来看，作为保险人的保险公司要面对多数的投保人，从经营效率的角度看，保险人不可能在面对不同投保人时对合同进行一对一修改，因此只能制定一份内容相对稳定的“格式合同”，由投保人对是否要投保进行选择。

(4) 射幸合同

射幸合同是指在合同中一方当事人所付出的代价换来的只是一次机会的合同。射幸合同具有包括海上保险合同在内的所有保险合同的共同性质。在保险中，投保人支付保费，换来的只是在发生合同中约定事故时的一种补偿，如果没有发生事故，或者非合同中约定的事故，保险人并不需要履行任何义务。因此，投保人的保费只是换取了一次有可能获得补偿的机会。当然，在实践中，投保人与保险人都不希望这种“机会”成真。

(5) 善意合同

海上保险合同对当事人，尤其是投保人作出了善意的要求。在保险行业中，当事人之间的信息不对称是最大的问题，海上保险也是如此。由于保险人无法对每一次投保的货物状态进行检查，因此投保人就负有“将货物的真实状态告知保险人”的义务。根据 MIA 的规定，“海上保险合同是一种基于当事人善意的合同，如果一方当事人不能履行善意的义务，另一方当事人有权终止合同”。

6.1.2 海上保险合同与其他贸易相关合同

(1) 海上保险合同与买卖合同

对于买卖合同而言，保险合同是一个附属合同。因为双方当事人需要履行买卖合同中货物移动的义务，才会引入运输合同，为了对抗货物在运输过程中可能遭遇到的损失，才有了保险合同。在保险合同中，投保人、被保险人、投保金额、保险区间、保险条款都需要投保人与保险人进行协商，但多数情况下，这些问题会通过买卖合同中的贸易术语来确定。

在贸易术语中，大部分时候双方当事人只需要在自己的风险承担区间内为自己的利益投保即可，但CIP术语与CIF术语是一个特例，它们要求卖方为了对抗买方的风险投保，即投保人是卖方，被保险人是买方。而卖方在取得保险相关单据后，通常会通过背书的形式将保单转让给买方，一旦货物在运输过程中发生事故，买方将会以被保险人的身份向保险人申请理赔。

买卖合同中选择不同的贸易术语对保险区间也有重要影响。如F组术语中，货物的风险自承运人接收货物、货物到达船边、货物完成装船后转移至买方，考虑到国际运输过程中发生事故的可能，买方会选择投保，但从卖方仓库到货物的风险转移点之间的事故风险就不在保险区间内。相反，EXW术语、DAP术语、DPU（DAT）术语、DDP术语等，由于都是由一方当事人负责国际贸易全过程中的运输（EXW术语为买方，其余为卖方），并承担运输过程中货物可能发生的事故风险，如果当事人需要投保，则可以实现将仓库对仓库（warehouse to warehouse）的全过程纳入保险区间。

（2）海上保险合同与运输合同

在国际运输过程中发生的事故会影响货主、承运人、保险人。承运人与货主之间受运输合同的约束，根据运输合同的规定，如果承运人在运输过程中有违反合同的行为，承运人需要向货主承担赔偿责任。另外，如果事故是由海上保险合同中约定的风险造成的，保险人理应承担对货主进行补偿的责任。也就是说，如果货物在运输过程中发生事故，有可能需要承运人与保险人共同担责。

虽然在货主看来，承运人与保险人都需要履行赔偿与补偿责任，但保险具有“实际损失补偿原则”，即承运人与保险人所赔偿与补偿的总和不能超过货物实际的损失。在实践中，货主通常向保险人申请理赔，保险人会补偿货主全部的损失，并以代位①的形式向承运人进行追偿。

---

① 代位是一个法律概念，是指债权人从债务人以外的第三方获取债务的偿付时，将对债务人的权利转让给第三方。在海上保险中，事故是由承运人的失误造成的，因此承运人应该对事故造成的损失承担赔偿责任。但在货主投保的情况下，保险人同样也负有补偿的责任。在这种情况下，货主可以要求保险人先行承担海上保险合同中全部损失的补偿责任，保险人在进行补偿后会以“代位”的形式要求承运人承担运输合同上责任。

根据海牙规则与维斯比规则的规定，承运人对运输过程中发生的事故只需要负有限责任。对海上保险而言，保险人与投保人约定的承保风险往往要大于承运人所承担的风险。因此在发生事故时，让货主与承运人争论导致事故的风险是否在承运人责任之内显然是低效的，让保险人在海上保险合同约定的承保范围内先行赔偿，再让保险人向承运人去调查事故原因，这种代位已经成为保险服务的一种。

6.2 海上风险与损失

在对海上保险合同进行讨论时，我们反复提到一个概念——引发事故的风险，这种风险是事故的起因，也是决定保险人是否需要履行补偿责任的根本。因此，本节中将对风险进行讨论。

6.2.1 海上风险

在性质上，海上保险合同是一种有条件的损害补偿合同（contract of indemnity），这种条件决定了保险人只会对“特定的风险造成的事故损害”进行补偿。根据英国伦敦保险业协会货物保险条款（Institute Cargo Clauses，ICC）的定义，海上保险可以分为以下种类。

第一，海上固有风险，其中包括船的触礁、沉没、冲撞，以及海上的恶劣气候。

第二，海上风险，其中包括火灾、抛弃、船员的恶意行为、海盗。

第三，战争风险，其中包括军舰、外敌、（被）袭击、（被）劫持、扣留、报复命令。

除此之外，与上述风险同等其他风险也属于海上风险的范畴。当然，在海上保险中，并非所有风险引发的事故都会得到保险人的补偿，那些会得到保险人补偿的风险被称为承保风险（risks covered），相反，保险人不需要进行补偿的风险被称为免责风险（exceptions）。

在当前的海上保险条款中，针对不同风险引发的事故有两种补偿形式：一是正面清单（positive list）形式；二是负面清单（negative list）形式。在正面清单中，海上保险合同会约定一些特定的风险为承保风险，其他没有被明确指出的风险均为免责风险；而在负面清单中，海上保险合同会约定免责风险，其他没有被明确指出的风险均为承保风险。从这两种形式可以看出，负面清单是一种保险范围更大的形式。

另外需要注意的一点是，在判定保险人是否需要对事故做出补偿的时候，风险与事故之间的因果关系是一个必要条件，即运输过程中发生的事故必须是由某一承保风险造成的，保险人才负有补偿责任。如果事故中存在多个风险原因，则选择与事故发生原因最接近的风险来判断。如果事故由多个风险原因共同所致（缺少一个风险均不构成事故），而这些风险中存在一个或以上的免责风险，则保险人不承担补偿责任。

6.2.2 损失

由风险造成的被保险标的物全部或部分丢失或损坏，以及其他费用的增加被称为损失。损失大致可以分为以下几类，见图1。

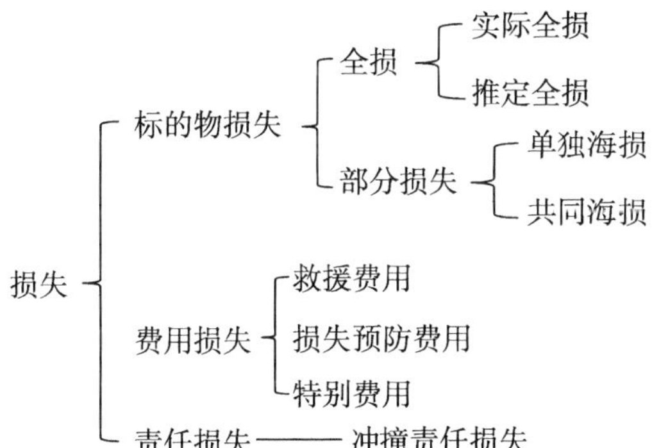

图1 损失的种类

（1）标的物损失

标的物损失是指在运输过程中发生事故，货物的全部或一部分遭受丢失或损坏。根据货物丢失或损坏的程度可以分为全损与部分损失。从字面上理解，全损（total loss）是指全部货物遭受丢失或损坏，但在全损中需要区分实际全损与推定全损两个大概念。根据MIA的定义，实际全损（actual total loss）是指货物已经达到了“不存在”的状态，或被保险人对于货物完全失去了所有权，而这种状态不存在修复的可能。而推定全损（constructive total loss）是指货物并没有达到全损的状态，但应将其视为全损的一种货物损失。在实践中，有两种情况可以被视为推定全损：一是货物遭到损坏，虽然没有造成全损，但损坏的程度还在进一步发展，而且这个过程是不可逆的；二是货物遭到损坏，虽然可以修复，但修复所支付的费用将超过货物本身的价值。

部分损失（partial loss）是指货物的部分遭到损坏，或被保险人失去了部分货物的所有权。根据货物损坏的责任承担主体来划分，部分损失可以分为单独海损与共同海损两种。在 MIA 上，单独海损（particular average）被定义为“由承保风险造成的事故，给货物造成的仅由被保险人承担的部分损失”。因此，构成单独海损需要两个条件：一是货物受损，只是部分损失；二是货物的损失只由被保险人承担（当然，保险人会最终承担补偿责任）。另一种部分损失是共同海损（general average），共同海损指货物遭到部分损失，但这个损失会有多个利益关系人共同承担的情况。如在运输过程中货船起火，为了防止整艘船被焚毁，船员喷水进行灭火，但在灭火的过程中造成部分货物被水浸湿。这部分货物的损失是为了保住更多货主的权益，因此此部分货物的损失理应由所有货主共同承担，即共同海损。

阅读材料：

共同海损制度

共同海损制度的设立对国际运输与海损保险都具有深远影响。共同海损是在运输过程中，为了所有人员共同的利益所作出的合理性牺牲，通过这种自我牺牲来换取整体损失的最小化。为鼓励这种“舍己为人”的行为，共同海损中的损失部分应该由所有人员共同承担。

根据 MIA 的规定，在运输过程中由事故造成的损失要构成共同海损必须具备五个条件：第一，作为部分损失的一种形式，要认定共同海损必须有实际性损失或费用支出；第二，这种损失与费用支出必须是自发性的；第三，这种损失与费用支出必须控制在合理的范围之内；第四，这种损失与费用支出是为了防止共同的风险；第五，共同海损的损失必须与自我牺牲之间具有直接关联。

在共同海损中，损失可以分为共同海损牺牲（general average sacrifice）与共同海损费用（general average expenditure）两部分。前者是一种标的物层面的损失，如在船超重时选择抛弃掉一些货物等；后者是一种金钱上的损失，如在发生事故之后，为防止损失进一步扩大进行救助费用支出等。

另外，在共同海损制度中还存在一个共同海损分担（general average contribution）的概念。共同海损事故发生之后，被保险人的损失应该由因被保险人的损失而获益的所有当事人共同承担。为被保险人的便利，通常情况下保险人会先行向被保险人进行补偿，之后再向其他当事人索要相应份额。此概念与代位的概念有相似之处。

（2）费用损失

费用损失是指在发生事故之后，为了对事故进行援救，以及防止事故造成的损失扩大的一种金钱支出。在部分损失的概念中，费用损失有三种形态：第一，救助费（salvage charge），救助费被定义为当船舶或者货物在遭受了事故之后，向对船舶或货物进行救助的当事人所支付的费用。由于救助可以明显遏制事故所造成的损失扩大，因此在实务中救助费会按照共同海损进行处理。第二，损失预防费用（sure and labour charge），损失预防费用指在事故发生之后，被保险人为了遏制损失扩大所采取的必要措施所需的费用。需要注意的是，在海上保险中，被保险人在事故发生后采取遏制损失扩大的必要措施是一种义务。由于被保险人采取的损失预防措施是针对自己的货物，在实务中损失预防费用被认为是单独海损的一种，因此也被称为“单独海损费用”。第三，特殊费用。MIA 上对特殊费用没有规定准确定义。一般认为，对于在事故中引发的被报销人费用支出里，除去共同海损费用与救助费之外的部分均可视为特殊费用。

（3）冲撞责任

在运输过程中，有时船员的失误会造成船舶之间的冲撞，这种船舶之间的冲撞会造成船舶本身的损坏和货物的损坏。如果船舶本身有投保，保险人需要对对方船舶以及对方船舶上的货主负有补偿责任。

6.3 海上保险条款

根据上文所述，并非所有风险造成的事故都属于保险人补偿的范围。哪些事故造成的风险属于补偿范围，这要看保险人与投保人之间的海损保险合同中保险条款的规定。本节将对当前海上保险合同中常见的保险条款进行讨论。

6.3.1 海上保险条款概述

海上保险合同是一种附合合同，其合同条款源于保险人单方面制定。虽然如此，保险人并不会单纯按照自己的意愿去订立合同，当前海上保险合同中的保险条款其实是在长久的海上保险实践中形成的一种惯例。从历史沿革来看，当前海上保险条款来源于英国的劳合社（Lloyd's S. G. Policy），劳合社是英国的一个保险经纪人组织，该组织在1779年为海上保险制定了标准的合同条款，自此海上保险合同中的保险条款的选择就有了一个基本的准则。1912年英国伦敦保险协会制定出了平安险条款（free particular average clause），1921年该协会进一步制定了水渍险条款（with average clause），1951年制定了全险条款（all risk clause）。由于英国在国际贸易及航海上的领先地位，伦敦保险协会所制定的这些标准保险条款也被视为全世界海上保险的标准。之后伦敦保险协会由于1982年制定了ICC（A），ICC（B），ICC（C）① 三个全新的保险条款。从海上保险的实践来看，“平安险、水渍险、全险”体系（以下称为“旧保险条款体系”）的保险条款与“ICC（A），ICC（B），ICC（C）”体系（以下称为“新保险条款体系”）处于并存的状态，保险人提供的海上保险合同会有上述两个体系中的六种选择，由于这六种保险条款所需要的保费差异较大，投保人会视具体情况选择使用哪一种保险条款。表1是新

① 这里的ICC是Institute Cargo Clause的简称，与制定《贸易术语通则》的国际商会（ICC）并非同一含义。

旧保险条款体系在保单内容上的对比。

表 1 伦敦保险协会新旧海上保险条款的内容对比

旧保险条款	新保险条款
第 1 条 运输条款	第 8 条 运输条款
第 2 条 航海终结条款	第 9 条 运输合同终止条款
第 3 条 驳船条款	无对应条款
第 4 条 航海变更条款	第 10 条 航海变更条款
第 5 条 保险条款 平安险 水渍险 全险	第 1 条 保险条款 ICC（A） ICC（B） ICC（C）
第 6 条 推定全损条款	第 13 条 推定全损条款
第 7 条 共同海损条款	第 2 条 共同海损条款
第 8 条 适航性保证条款	第 5 条 不耐航·不适航免责条款
第 9 条 受托人条款	第 16 条 被保险人义务条款
第 10 条 无受益条款	第 15 条 无受益条款
第 11 条 双方过失冲撞条款	第 3 条 双方过失冲撞条款
第 12 条 劫持不承保条款	第 6 条 战争行为免责条款
第 13 条 罢工、暴动不承保条款	第 7 条 罢工免责条款
第 14 条 合理速办条款	第 18 条 合理速办条款
无对应条款	第 4 条 一般免责条款

6.3.2 旧保险条款

一般而言，伦敦保险协会 1963 年条款与劳合社条款习惯上都被称为旧保险条款，鉴于我国的海上保险实践，本书以伦敦保险协会 1963 条款为中心进行讨论。伦敦保险协会条款（ICC 条款）将风险及损失的种类划分为以下 13 类：

①全损；

②共同海损；

③费用损害；

④触礁、沉没、火灾引起的单独海损；

⑤装运、转运、卸货中引起的单位全损[①]；

⑥火灾、爆炸、冲撞引起的紧急避难港卸货过程中的损害；

⑦除④、⑤、⑥之外的单独海损；

⑧恶劣气候引起的海水浸泡；

⑨所有由于外部的、偶发的风险引起的损害；

⑩投保人与被保险人故意的非法行为引起的损害；

⑪货物固有的缺陷或性质，以及运输迟延引起的损害；

⑫非风险构成的损害；

⑬战争、暴动、罢工引起的损害。

13 类风险及损失对应的险种如下。

（1）平安险（free particular average）

从平安险的英文字面理解，其含义是“保险人不对部分损失承保”。需要注意的是，这里所指的“部分损失”其实是“不特定的单独海损”。因此，在平安险保险条款中，保险人对全损、共同海损，以及一些特定的单独海损承担补偿责任。具体来讲，根据 ICC 条款的规定，在平安险中保险人需要承担第①—⑥项损失。

（2）水渍险（with average clause）

从水渍险的英文字面理解，其含义是“保险人对部分损失进行承保”。但在海上保险实务中，水渍险的承保范围并没有涵盖所有的部分损失，特别是水渍险在实务中通常设定一个比例，当货物发生单独海损但不足设定的比例时，保险人可以免责，当单独海损超过了这一比例时，保险人需要对单独海损作出 100% 的补偿。如：在保险合同中标记为 WA 3% 时，当货物发生单独海损，但损害程度不足货物价值的 3% 时，保险人无须承担补偿责任，只有当损害程度超过 3% 时，保险人需要对损害进行 100% 补偿。当然，作为平安险

① 如果货物具有多个独立包装，每一个单独的独立包装发生全损时，对于货物整体而言依然是部分损失，因此称之为单位全损。

之上的一种保险条款，水渍险要求保险人在平安险的承保范围的基础上，再加上第⑦⑧两项风险与损失进行承保。

（3）全险（all risk）

从字面上理解，全险意味着保险人要对全部海上风险进行承保，但事实上并非如此。即使在全险中，保险人也具有免责条款。在上述 ICC 条款中，第⑩项是由于投保人与被保险人的违法行为所致，保险人应对予以免责；第⑪项是不可避免的损害，保险人也不应该承担补偿责任；第⑫项作为非风险所致损害，自然也不应该成为保险的对象；第⑬项属于不可抗力的范畴，不应该通过一般保险条款得到保护。因此，所谓的全险，其实是指保险人对除去第⑩项至第⑬项风险之外的其他风险进行承保的保险条款。

6.3.3 新保险条款

新保险条款是伦敦保险协会在 1982 年针对旧保险条款进行修订，虽然新、旧条款之间存在一定的对应关系，但它们之间规定承保风险的逻辑却是不同的。在新保险条款的体系下，风险和损害被分为以下三类：

第一，由下列规定的风险造成的被保险标的物的损害或丢失，其中包括：火灾与地震；船舶或驳船的触礁、搁浅、沉没、倾覆；陆路运输工具的倾覆；交通工具与其他物体的冲撞与接触；避难港卸货，地震、火山爆发、雷击。

第二，由下列原因导致的被保险标的物的损害或丢失，其中包括：共同海损；丢弃或波浪扫落（因海上波浪导致货物从甲板上丢失）。

第三，在装船或卸货过程中，货物从船舶或驳船上落海，或掉落在甲板上导致的单位全损。

（1）ICC（C）

ICC（C）对应旧保险条款中的平安险，是新保险条款中承保范围最小的保险条款。在 ICC（C）中，采用了正面清单（列举主义）的原则，将需要保险人承保的风险一一列出，对其他风险采取了保险人免责的方式。具体来讲，在 ICC（C）保险条款下，保险人需要对上述“第一，由下列规定的风险造成的被保险标的物的损害或丢失”“第二，由下列原因导致的被保险标的物的损害或丢失”中列举的风险或损坏类型承担补偿责任，除此之外保险人均可免责。

（2）ICC（B）

与ICC（C）一样，ICC（B）同样采取了正面清单的原则。与ICC（C）相比，在ICC（B）中保险人需要承担更多的责任。具体来讲，ICC（B）保险条款下，保险人需要在ICC（C）的基础上追加对“第三，在装船或卸货过程中，货物从船舶或驳船上落海，或掉落在甲板上导致的单位全损”进行承保。

（3）ICC（A）

ICC（A）与ICC（B），ICC（C）的逻辑截然不同，ICC（A）采取了负面清单（概况主义）的原则。即ICC（A）列举了保险人的免责条款，除了被列举的免责条款，保险人需要对其他所有类型的风险承担补偿责任。在ICC（A）中列举的保险人免责主要有四类：第一，被保险人或受益人存在过失造成的损害；第二，交通工具本身存在的适航性与耐航性问题造成的损害；第三，战争风险造成的损害；第四，罢工造成的损害。这四类损害与旧保险条款中的保险人免责条款是大体一致的。

6.4 船东互保

船东互保保险（Protection and Indemnity Insurance，P&I）是海上保险中的一种重要形式，其主要目的是通过各船东之间的相互风险分担，弥补在传统商业海上保险中对于费用补偿以及责任补偿的不足[①]。因为P&I保险是船东之间的互助行为，这决定了P&I保险的非营利性。从字面上看，船东互助保险包含了保护（protection）与赔偿（indemnity）两层含义。其中，保护是指船东与船舶承租人对于船舶在航运过程中对其他第三方或船员的责任的保护，赔偿是指船东对于运输合同违约造成的对货主的赔偿责任。

P&I保险名为船东互保保险，但从实践来看，其使用者并不限于船东，而是包括了船东、船舶承租人等一切使用船舶的人。他们会组成一个利益集团（P&I club），共同出资来应对彼此在航海事业中可能遇到的风险。

---

① 虽然伦敦保险协会定义的损失中包含了费用损失与责任损失，但从新旧保险条款来看，对费用损失与责任损失的补偿仍然不足。

P&I 保险主要承保下列风险和损失：

第一，船员责任。其中包括船员的死亡或伤害带来的船舶脱离航线的费用，送还费用，船员因弃船、罢工带来的船东责任。

第二，旅客责任。其中包括旅客的死亡、伤害、失踪等造成的医疗费用、丧葬费等。

第三，船员与旅客之外的第三者责任。其中包括检验检疫人员、清洁人员、访客等的死伤带来的脱离航线费用，以及因为救助其他船舶而脱离航线费用。

第四，货物相关责任。其中包括船东或船舶承租人因违反运输合同造成的货物的损害或丢失的赔偿责任。

第五，偷渡者、难民下船的费用，漏油造成的污染费用，与其他船舶冲撞引起的赔偿责任等。

从上述定义可以看出，P&I 保险存在的意义是保护船东与船舶，而不是保护货主，这与之前讨论的新旧保险条款截然不同。另一方面，在商业海上保险中也存在针对船的财产保险，但 P&I 保险与商业船舶保险也有区别，具体来讲有以下几点。

第一，船舶保险是针对船舶自身的财产保险的一种，因此它具有提前算定的可保金额（insurable value）与投保金额（insurance amount）；P&I 保险是一种责任保险，它并不需要提前算定可保金额与投保金额，只会算定一个最高补偿额度。

第二，船舶保险作为一种商业保险，存在一个以营利为目的的保险人；P&I 保险是一种互助制度，并不存在独立的保险人，所有加入 P&I 保险的船东既是被保险人，同时又是保险人。

第三，船舶保险在投保时，船东需要缴纳一笔保费作为给予保险人承担风险的补偿；P&I 不存在商业保险意义上的保费，所有船东事前缴纳一部分份额，如果在最终结算时出现亏损，船东还需要缴纳一笔结算金。

参考文献

[1] 程欣．从两则案例看出口信用保险在外贸业务中的重要性及规范应用［J］．对外经贸

实务，2020（10）：64－68.

[2] 宋川．出口信用保险服务在参与“一带一路”建设中的机遇、问题及策略建议［J］．对外经贸实务，2020（8）：65－68.

[3] 程瑶，孙文远，杜秀红．国际官方出口信用机构发展经验及对我国的启示［J］．国际贸易，2020（3）：44－53.

[4] 王稳．出口信保助推保险业国际化［J］．中国金融，2020（3）：23－25.

[5] 章添香．出口信用保险在“一带一路”建设中的作用与发展［J］．国际经济合作，2020（1）：117－126.

[6] 毛勤晶，卓志．出口信用保险对一般贸易的影响研究［J］．保险研究，2020（1）：36－50.

[7] 王莹书．从一则索赔案例看我国出口信用保险在对外贸易中的实际应用［J］．对外经贸实务，2019（2）：71－74.

[8] 胡赛．出口信用保险影响下的出口贸易高质量发展研究——以浙江省为例［J］．商业经济与管理，2018（12）：63－76.

[9] 彭茂佳．浅谈 UCP600 下保险单据“一切险”条款的审核［J］．对外经贸实务，2017（2）：68－70.

[10] 荣幸，张彤，杨成佳．境外出口信用保险理论与实践［J］．保险研究，2015（11）：69－85.

[11] 冯巧玲．我国出口信用保险对出口贸易促进作用的实证研究［J］．金融理论与实践，2015（7）：79－81.

[12] 户艳辉．海运平安险第 3 款的争议与完善——一则案例引发的思考［J］．江苏商论，2011（4）：78－80.

[13] 唐黎标．中英海运货物保险条款的比较研究［J］．航海技术，2009（1）：78－80.

[14] 黄海．对海运货物一切险承保范围之界定［J］．法律适用，2006（Z1）：125－127.

[15] 徐翥，赵德增．伦敦保险协会海运货物保险的担保范围［J］．对外经贸实务，2000（10）：45－46.

[16] 颜鹏飞，邵秋芬．中英近代保险关系史研究——中国首家外商保险同业公会（FIAS）和伦敦海外火险委员会（FOCF）考证［J］．经济评论，2000（2）：97－100.

7 国际运输合同

运输合同是双方当事人为完成货物从卖方转移至买方的过程，与国际运输公司订立的合同。事实上，要完成国际贸易中货物从卖方到买方的转移，单纯地运输是不够的，还要包括报关、装卸、包装等一系列流程。在传统的产业社会中，生产是商业的中心，运输的重要性并没有得到认识。但在今天，国际间竞争开始加强，全球市场呈现一体化态势，消费者的需求也日趋多样化，因此安全、迅速、成本低廉的运输在国际贸易中就显得十分重要。

7.1 运输基础概要

7.1.1 国际贸易与运输

国际贸易要顺利地完成，除了货物本身的品质与价格、企业的营销战略、买卖合同的订立、安全的贸易结算，以合适的手段将货物安全地、适时地、经济地运输至买方同样重要。事实上，运输对于国际贸易而言，并不是单纯地为了货物的转移，而是具有创造企业价值，提高企业信用度的重要意义。

于卖方而言，采取适合的运输方式，并取得相应单据，对安全回收货款极为重要；于买方而言，以正当方式获取运输单据是按时收到货物的保证。因此，从合同的视角看，研究国际运输的重点将是了解运输单据，以及与运输单据相关的各种国际规则。当前的运输方式、运输单据，以及相关国际规则可以用表 1 展示。

表 1　　运输方式、运输单据、国际规则

运输方式	运输单据	国际规则
海运或水运	海运提单	《海牙规则》（1924） 《海牙－维斯比规则》（1968） 《汉堡规则》（1978） 《鹿特丹规则》（2009）
	海运单	《海运单统一规则 CMI》（1990）
	租船合同	当事人意思自治
空运	空运单	《华沙公约》（1929） 《蒙特利尔公约》（1971）
多式联运	多式联运提单	《联合国国际货物多式联运公约》（1980）
公路运输	公路运单	《国际公路运输公约》
铁路运输	铁路运单	《国际铁路货物运输公约》

从与主合同的关系来看，运输合同虽然是单独订立的，但订立运输合同是为了主合同的履行，因此运输合同的内容与主合同上的装运条款仍有不可分割的关系。回顾国际贸易主合同的装运条款，包含了装运日、运输方式、装运港、目的港、分批装运与转运的内容。

其中，装运日（shipping date）是指最终装运日，即如果货物是大量分批次进行装运，装运日则是至最后一批货物完成装运的日子。如果没有特别声明的情况下，这个日子应该是指运输单据上装运批注（on board notation）的日期，在一些特殊情况下也可能指运输单据签发日（issue date）。通常情况下，主合同中都会明示装运日，如果装运日不能从明示条款中看出，则可以通过信用证有效期、双方当事人的交易惯例等去判断。

分批装运是指在大额交易，或者买方有特殊销售计划时，对同一主合同上的货物进行分批多次装运的情况。分批装运在合同中没有被明文禁止时视为许可。特别注意的是，在同一航路上的多次装运，哪怕装运日与装运港不同，在惯例上并不认为是分批装运。

转运是指在运输过程中，从一个交通工具上卸下，再装载至其他交通工具的情况。由于货物装卸过程中货物受损的可能性增大，这对买方是不利的。

通常情况下，在主合同中如果没有明文禁止转运，转运被视为允许。另外，在运输过程中，如果因为某种原因货物被从交通工具上卸下，但又装载上原来的交通工具，这种情况并不会被视为一种转运。

直航运输（direct sailing）是一种禁止转运的情况。但有时候运输的最终目的地并不在干线上，货物到达干线终端之后，会采用支线运输的方式将货物运至最终目的地，这种情况在主合同上并不认为是一种转运。但如果使用信用证进行结算时，信用证条款中规定“transshipment not allowed”，那么如果装运时的船舶名与到达目的港的船舶名不一样时，会被银行视为单证不符。

另外，上述内容通常会在主合同中以明示条款的形式进行规定，但运输合同的订立者，运费承担等运输细节，会根据贸易术语以默示条款的形式来确定。如根据 2010 版或 2020 版贸易术语通则，FAS、FOB、CFR、CIF 术语下，即使合同中没有明确说明，运输方式应该选择海运或内河水运，而其他的术语则对运输方式没有限制。但仍有一点需要注意，在一些国家的贸易实务中，FOB 术语与 CIF 术语也有用于空运的情况，这只是双方为了方便测算价格的惯例，一旦发生纠纷，双方很难期待根据贸易术语通则来解决。

关于订立运输合同的问题，在使用 C 术语（CPT、CIP、CFR、CIF）与 D 术语（DAT 或 DPU、DAP、DDP）的交易中，运输合同由卖方来订立。C 术语中，由于交货发生在运输开始之前，所以使用 C 术语的交易是一种“依赖单据的货物象征性交付”的交易。而 D 术语中，交货发生在目的地，因此订立运输合同完全是卖方的责任。

另外，使用 F 术语（FAS、FCA、FOB）的交易中，运输合同由买方来订立。不过在贸易术语通则中还有 E 术语（EXW），这是一个相对特殊的情况。在 E 术语中，双方当事人都没有订立运输合同的义务。因为，EXW 术语要求卖方将货物于工厂之前置于买方的任意处分之下，即完成交货义务。这里的“任意处分”包括了运回买方国家、就地使用、就地转卖等各种情况，如果买方决定在卖方国家就地处理货物，那么就不必订立运输合同。

7.1.2 运输方式

迄今为止，国际贸易的绝大多数运输依然依靠水运。但随着集装箱技术的发达，多式联运与空运也在逐渐增多。

（1）海运或内河水运

海运或内河水运（以下统称“海运”）是一种利用水上船舶，实现人或货物空间移转的服务。即利用船舶作为设备，随着船舶的空间移动产生服务，并向需求者提供这种服务以换取回报的商业行为。传统上认为，与其他运输方式相比，海运的特征有可大量输送、远距离输送、自由航路、运费低廉、国际性输送、低速度。因此，可以看出海运是一种优缺点均很明显的运输方式。时至今日，由于造船技术的发达，电子、信息通信技术的成熟，海运的安全性、迅速程度已经大大提高，以至于产生一些有趣的现象。如：在短途海运中，因为船速的提高，货物甚至早于运输单据到达进口国，从而导致货物无法按时提取的问题。

在当今的海运中，拥有班轮与租船两种形式。班轮是在定点航线上进行运营的船舶。班轮运输中，无论船上是否有货物，船舶都会按照既定的规定在定点航线上反复运营。一般来说，班轮用于可进行标准包装的工业产品的运输，运费也按照事前制定的标准运费表执行。

租船运输是指按照货主的要求，货主与船东之间订立一种定制化的租船合同进行的运输方式。租船运输具有以下特征：第一，货物运输的地域、时期呈现不规则，根据世界航运的需求决定相关航路，具有一种泛世界市场的特征；第二，租船运输市场是一个竞争相对激烈的市场，单一企业难以形成垄断，也难以形成卡特尔组织；第三，由于租船运输市场竞争相对激烈，运费也由市场供求来决定，运费波动较大。

阅读材料：

租船运输的种类

根据形式和目的的不同，租船运输可以分为航程租船、光船租船、定期租船三种不同的形式。

航程租船（voyage charter），这是租船运输的最基本形式，是指船东将船舶船舱的一部分或者全部租赁给承租人，在特定港口间进行一次性或者多次的运输的一种租船运输方式，因此航程租船也被称为定程租船。订立航程租船合同时，承租人向船东支付运费（freight），运费通常有两种计算形式，一是按照货物数量租船（freight charter），二是整笔运费租船。前者根据货物重量和体积计算运费，后者按照承租人所租赁的船舱计算运费。

光船租船（bareboat charter），是指承租人向船东支付租金，在一定时间或航程内取得船舶的使用权的租船运输方式。在船舶租赁期间，船东只向承租人交付船舶本身，至于船员、船舶所需的消耗品都由承租人自己解决。因此，在光船租船的运输中，船长与船员都是承租人自己聘用的，他们都是承租人的利益代理人。在国际运输实务中，光船租船的租赁期可长达10~20年之久。

定期租船（time charter），是指承租人向船东支付租金，在一定时间内，船东将船舶连同船员一起交付承租人使用的运输方式。在定期租船的运输中，承租人向船东支付的租金里包含了两部分，第一部分是承租人租赁船舶的相关费用，第二部分用于租赁本属于船东的劳动力费用。

（2）空运

空运是指利用航空器（飞机）的移动，实现旅客与货物在空港间实现空间移动的运输方式。与其他运输方式相比，空运具有的特征体现为以下几方面：第一，快速性。由于航空技术的发达，当前的飞机可以实现在短时间内将货物运输至任何一个机场，选择空运保证了货物的快速到达。第二，安全性。飞机是当前安全系数最高的运输工具，因此空运发生事故的概率要远小于其他运输方式，而且由于当前航空运输系统的成熟，在空运中发生货物丢失等事故也称为小概率事件。第三，经济性。空运所需的费用要远远大于其他运输方式，但由于空运的快速性也减少了货物在运输终端滞留的时间，如果算上仓储、保管的其他费用，空运所需成本未必比其他运输方式高。

在正统的贸易术语使用中，空运只能用于不限运输方式的贸易术语中，但在国际运输实务中，即便使用FCA术语，卖方订立运输合同的情况也非常常见。运输合同订立之后，航空公司会签发空运单（Air Waybill，AWB）作为双方运输合同订立的证明。

另外，空运实践中，货主通常不会直接对接到航空公司，而是通过航空代理或者航空货代订立运输合同。其中，航空代理（air cargo agent）是航空公司的代理商，它自己并不签发空运单，而是代理航空公司签发署名为航空公司的空运单，通过对航空公司业务的代理，获取相关手续费收益。而航空货代（air freight forwarder）自己并不保有飞机，自己从货主手中收取货物，并向货主签发自己署名的空运单。在体系上，航空货代从不同货主处收取货物，整体向航空公司进行托运，并从航空公司处收取整体货物的空运单（见图 1）。

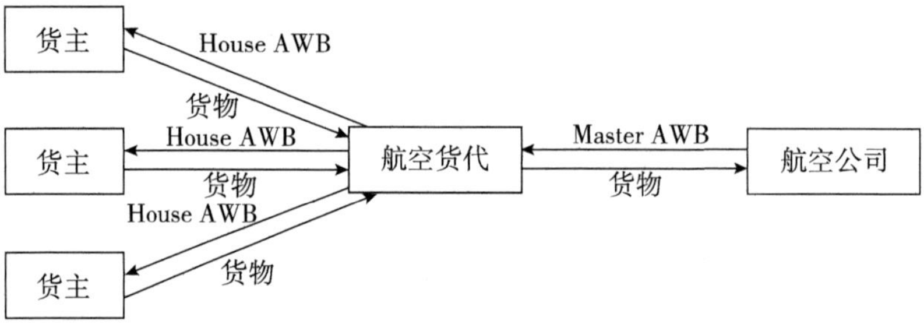

图 1　航空货代的运输方式

（3）多式联运

无论是海运还是空运，都只能实现“终端对终端”（port to port，airport to airport）的运输，实务界存在一种对“仓库对仓库”（warehouse to warehouse）运输的需求。在当前的国际运输实务中，存在一种由单一责任人负责，使用两种以上的不同运输方式进行组合的运输方式，称之为多式联运（multimodal transport）。在多式联运的过程中，承运人对全部运输区间的所有归属承运人的责任付单一责任（single carrier's liability）。

要实现多式联运，不同运输方式之间的衔接是最需解决的问题。要实现各运输区间在转运时的安全与迅速，以集装箱运输为中心的单位装运方式（unit load system）是整个运输过程中的核心。虽然集装箱运输与多式联运并不是同一概念，但发展集装箱运输的目的之一——实现门对门（door to door）的运输与多式联运的目的不谋而合，在国际运输实务中，存在将两者等同视之的观点。

7.1.3 运输流程

上一部分讨论了不同运输方式的异同，虽然多式联运的数量在逐渐增多，但至少到现在为止，海运依然是国际贸易的主要运输形式。本部分以海运为例，讨论运输合同订立之后的运输流程。

（1）出口运输流程

出口运输通常按照以下流程进行：

第一，备船。从《贸易术语通则》的角度看，备船应该由负责货物运输的当事人来处理，即使用 FAS 与 FOB 术语的交易由买方备船；使用 CFR 与 CIF 术语的交易由卖方备船，但在国际运输实务中情况略有不同。首先，无论是使用哪一种贸易术语进行交易，货物都是从卖方国家出发，因此，即使备船义务在买方，卖方的货代或船运公司都会去争取运输业务。所以，即使运输由买方负责，在运输开始前，货代或船运公司也可以主动联系买方，争取自己能承揽运输，又或是买方为图便利，会邀请卖方协助自己进行备船。

在班轮运输中，货主可以通过网站或者电话等形式获取运输信息，这些信息包括：船舶进出港时间、转运港信息（如有）、船舶预计出发与到达时间、集装箱堆场（CY）的货物最迟接受时间。

第二，装运预约。在实务上，卖方通常在货物出库之后，或者完成出口报关之后开始预约装运。在预约装船前，卖方还必须准备出口国法律法规规定的材料，以及买方要求准备的材料。在一切准备就绪之后，货主会向货代或者船运公司提交发运申请（Shipping Request，S/R），要求货代或者船运公司预留仓位。从合同的视角看，这种发运申请本质上就是运输合同订立过程中货主对货代或者船运公司发出的要约。船运公司在确认申请之后，会向货主发出装运指示（Shipping Order，S/O），这种装运指示是船运公司向货主表明了自己已经确认发运申请，并且同意了这种申请，因此在概念上这种指示是运输合同订立过程中的承诺。

第三，装运。为能正常完成装运，装载出口货物的集装箱必须在集装箱堆场的最迟货物接收日前将货物送至集装箱堆场。当然，在实务中也存在船运公司在内陆特定地点接收货物的情况，如此一来货主需要将货物在适当的时间交付船运公司在内陆设立的货物接收点。

第四，收取提单。船运公司在完成货物的装运之后，会向货船签发提单。理论上来讲，提单原件签发的份数没有限制，通常情况下会签发多份，每一份提单原件都具有同等的法律性质。不过在实务上，签发三份提单原件是一种惯例。货主在得到提单之后，必须对提单上的内容进行确认，如果有任何不当之处，必须立即向船运公司申请修改。

第五，装运通知。卖方（货主）在货物完成装运并收取提单之后，应该毫不迟疑地通知买方，以便买方可以做好收货准备。具体来讲，卖方需要将提单复印件发送给买方，并通知买方船运公司名称、船舶名称、出港日期、预计到达日期等信息。

（2）进口运输流程

进口运输通常按照以下流程进行：

第一，获取装运信息。货物到港时，目的地的船运公司会从出发港获取货物装载清单（container load list）、所签发的海运提单清单、船舶的出港报告等。除此之外，目的地船运公司还会收到提单副本（复印件）、危险货物目录（dangerous cargo manifest）、植物货物清单（botanical cargo list）、集装箱清单等信息的通报。

第二，提单原件收取。买方根据合同的规定收取提单原件。如果交易采取了信用证结算方式，那么买方（开证申请人）需要向银行付款赎单获取提单；如果交易采取了其他的结算方式，买方会以合适的方式获取提单原件。

第三，到货通知。为了方便货主收取货物，船运公司会在船舶抵达目的港之前向货主做出通报（arrival notice）。这种到货通知最大限度防止货物滞留费用（demurrage）的产生。但这里需要注意一个问题，在惯例上虽然提单上会标明到货通知的当事人（通常情况为买方），但这种到货通知并不是船运公司的义务，因此货主还需要自行向船运公司了解船舶的到港情况。

第四，入港与卸货。船舶从海外进入买方国家港口前 24 小时，需要向买方国家海关报告船舶上所载货物与人员。需要注意的是，提单可以分为船东提单（master B/L）与货代提单（或称为无船承运人提单，house B/L），船舶到港后的卸货是以船东提单为单位进行的。

第五，保税运输与报关。货物被从船上卸下之后，LCL 货物会要求清空集装箱，如果在这之前货物没有完成进口报关，则会在从集装箱中取出后进入保税仓库。从法理角度讲，由于货物尚未完成进口报关，因此还不属于买方国家的商品，不能在买方国家进行国内流通。此时，如果货物需要在买方国家进行国内的运输，需要在海关的监管下进行。当货物需要进行国内流通前，必须向海关进行进口报关，在缴纳关税之后方能进行国内流通。

第六，提货。当货物到达之后，货主（提单持有人）需要向船运公司提交提单原件。提单原件往往有多份，货主提交提单时只需要提交 1 份即可，当 1 份提单提交船运公司之后，其余提单自动作废。船运公司在核实提单内容之后，会向货主交付提货单（Delivery Order，D/O）。提货单是船运公司向货物保管机构（包括集装箱堆场、集装箱货运站等）发出的向提货单持有人交货的命令。因此，货主可以凭借提货单领取货物。

第七，空箱返还。如果是 FCL 货物，货主会连同集装箱一起将货物提走，并在货物取出之后返还空箱。一般情况下，空箱会返还至卸货港的集装箱堆场，或者是船运公司指定的其他地点。

7.2 提单

7.2.1 提单的意义与性质

提单（Bill of Lading，B/L），又称为海运提单，是国际运输中较为重要的单据之一，它是船运公司在收到货主的货物之后，向货主签发的证明船运公司已经收到货物或者货物已经完成装运的单据。因此，提单具有有价证券与权利证券的意义。

从效力上讲，提单具有债权与物权的双重效力。债权效力是指提单作为船东签发给货主的证明，可以证明船运公司与货主之间存在运输合同关系，即提单是货主要求船运公司履行运输服务义务的有力证明。物权效力体现在可转让提单，可以代表货物的所有权，持有提单的当事人可以从船运公司处提取货物。

从提单的作用上讲，提单具有三大作用。

第一，提单具有收据的作用。从提单的定义上看，提单是船运公司在收到货物或者货物完成装运之后向货主签发的单据。因此，可以看出提单签发之后，货物肯定是在船运公司的控制之下。对于货主而言，手持提单意味着船运公司承认收到了货物。

第二，提单有代表物权的作用。由于在运输过程中，货物的控制权会脱离货主，为了让双方当事人能在没有货物控制权的情况下完成交易，双方当事人会以提单的交付来代表货物的交付。根据《贸易术语通则》，CFR 术语、CIF 术语就是这种典型的象征性交货术语，卖方在完成交货时，买方根本还没有接触到货物，他们之间的货物交付就是以交付提单作为表现的。

第三，提单是国际运输合同的证明。在惯例上，国际运输并不会存在一份能看得见的“合同”，尤其是在班轮运输中，船运公司发出装运指示（S/O）意味着运输合同的订立，货主与船运公司并不会去订立一份纸质合同。因此，当货主持有提单时，就可以利用提单证明他与船运公司之间存在这样一份合同。

7.2.2 提单的种类

（1）已装运提单和备运提单

在提出提单的定义时提到，提单是在船运公司“收到货物”或者“货物完成装运”之后签发的单据。根据提单签发的时间点，提单可以分为已装运提单和备运提单。

已装运提单是船运公司在货物完成装运之后向货主签发的提单，在提单之上会标记为“shipped B/L”或者“on board B/L”。相反，如果货物只是被船运公司收到，但还处于等待装船的状态，此时船运公司签发的提单被称为备运提单，在提单上会标记为“received B/L”。需要注意的是，使用信用证进行结算的时候，付款银行通常不愿意接受备运提单，因此货主（卖方）即使已经将货物交给了船运公司，也不能进行交单。另外，CFR 术语与 CIF 术语使用提单进行象征性交货，由于 CFR 术语与 CIF 术语都要求卖方在完成装运之后方能完成交货义务，因此备运提单也不符合要求。

在国际运输实务中，要想货物一到达集装箱堆场立即开始装运是不现实的，因此在大多数情况下船运公司都只能先签发一份备运提单，等到货物真正完成装运之后，船运公司会再在备运提单上作出“装船批注（on board notation)”，带有这种批注的备运提单才具有与已装运提单相同的法律地位。

（2）清洁提单和非清洁提单

提单的清洁与非清洁，是指船运公司在收到货物时货物外观上的状态。由于提单具有货物收据的性质，这就意味着船运公司从货主处收到了提单上记载的货物，在完成国际运输之后，船运公司自然也需要将货物“原样”返还货主。为了保护自己的利益，船运公司必须在收到货物时对货物进行检查，如果货物在“外观上”处于一种完好的状态，此时船运公司并不会在提单上做出任何标注，这种提单证明了货物在被船运公司收到时在外观上是完好的，提单被称为清洁提单（clean B/L)。如果船运公司签发的是一张清洁提单，而货物到达目的港之后却出现了外观上的损坏，则可以断定是运输过程中发生了事故，船运公司会根据相关的规定承担应有责任。

还有一种情况，船运公司在收到货物时，货物在外观上就已经存在了损坏，船运公司会在签发提单时将这种损坏的情况在提单上作出标注，存在这种标注的提单则被称为非清洁提单（foul or dirty B/L)。

阅读材料：

非清洁提单的处理

船运公司在决定签发清洁提单还是非清洁提单的依据是货物的外观是否完好。由于货物在装运之前通常需要完成包装，因此对于外观是否完好的判断更多时候是基于包装中外装是否完好。如果外装出现破损，则船运公司会签发非清洁提单。

在使用信用证进行结算的时候，对于提单往往有清洁提单的要求，那么如果货物的外装破损则意味着受益人无法再通过信用证收回货款。信用证交易有一个特点，付款行会根据单据审核的结果选择“付全款”或者“不付款”，如果一批货物中仅有极少量货物的外装出现破损，也许买方都不会在意，但银行却会因为非清洁提单的出现而拒绝支付全部货款。

解决此问题的唯一办法就是让船运公司改为签发清洁提单。为了让船运公司不会因为签发清洁提单而遭到后续的索赔问题，在国际运输实务上，送货人通常会向船运公司提交一份赔偿责任书（letter of indemnity, L/I），以此向船运公司保证，如果因为签发清洁提单给船运公司带来索赔问题，所有的责任由送货人来负。当然，使用赔偿责任书来换取清洁提单是为了应对信用证条款对于清洁提单的要求，但货物在外观上存在损坏的事实并不因此得到改变。因此，无论是从商业伦理还是商法上诚实信用原则的角度出发，送货人要在货物出现外观损坏的情况下获取清洁提单，都需要和收货人作出交代。

（3）记名式提单和指示式提单

根据提单上的收货人的记述方式，提单可以分为记名式提单与指示式提单。在记名式提单中，收货人会标记为特定的当事人，也只有特定当事人可以凭借提单提取货物。正因如此，记名式提单在流通和转让上存在一定限制。

指示式提单在收货人处不标记特定的当事人，而标记为“凭指示（to order）”“凭送货人指示（to order of shipper）”或“凭银行指示（to order of bank）”等。这种提单可以凭借特定当事人的指示进行转让，也就能实现货物的在途销售。

需要特别注意的是，指示式提单通常情况下与信用证结算高度关联。在信用证结算时，开证行给予了受益人支付承诺，而开证行又不能保证开证申请人会付款赎单，在银行立场上需要确保货权以此作为钳制开证申请人的工具。此时，如果使用记名式提单，收货人标记为开证申请人的时候，银行会失去对货物的控制；而收货人标记为银行的时候，银行又不需要货物。相反，使用指示式提单则完全可以避免这些问题。通常情况下，使用“凭开证行指示”的提单，提单由开证行控制，等到开证申请人付款之后，再凭借开证行的指示让开证申请人提取货物。

（4）电子提单

电子提单（electronic bill of lading），是为了替代纸制提单的新形式提单，它是将原来纸质提单的相关内容用计算机保存，并通过 EDI 形式在船运公司、送货人、收货人之间传输，通过私钥（private key）实现货物权利转让。

阅读材料：

提单与快船问题

提单是物权的象征，因此传统上船运公司一定要收到提单原件才会允许货主提货，这本来是保护货主权益的制度设定，但随着技术的发展，此制度开始出现问题。近年来船舶技术发展较快，船舶的航行速度得到极大提高，国际贸易中所需要的运输时间也大幅缩短。在这样的背景下，会出现一个问题——一些近洋运输中，载有货物的船舶会早于提单到达目的地。

由于提单未到，不得不出现一种“货等人”的现象，在收货人收到提单原件之前，货物都不得不在仓库或者码头积压，这不仅会对货物带来损坏的风险，也让货主不得不承担仓储费用。此问题被称为“快船问题”，也有研究称其为“提单危机”。

针对快船问题的出现，国际贸易实务研究人员开始探索解决方案。首先，国际贸易实务界兴起了对海运单而非提单的使用，由于海运单并不是一种物权代表，是否持有海运单不会成为收货人提取货物的前置条件。

其次，收货人利用银行保函（letter of guarantee）也可以在没有提单原件的情况下提取货物。收货人可以向银行申请一份保函，由银行做出担保，要求船运公司在没有收到提单原件的情况下先行向收货人交付货物。

最后，电子提单的兴起可以解决快船问题。由于电子提单使用EDI进行传输，在理论上实现了单据的瞬时送达，而不必像纸质提单一样在传递上依赖邮政系统，如此就不会存在提单的传递速度低于货物运输速度的问题。

参考文献

[1] 刘佳琪. 我国电子提单法律地位研究［J］. 珠江水运，2021（1）：61－62.

[2] 刘晓亮，崔静坤. 从一则案例看 FOB 下无单放货的风险与防范［J］. 对外经贸实务，2020（12）：69－71.

[3] 柯卿. 论区块链电子提单在国际贸易中的运用［J］. 中国经贸导刊（中），2020（10）：24－26.

[4] 张艺凡. 浅谈信用证海运提单的风险防范及应对措施［J］. 物流工程与管理，2020，42（7）：140－142.

[5] 贺尹玲. 海运集装箱超期使用费性质认定法律问题研究［D］. 福州：福建农林大学，2020.

[6] 武璠. 国际海上货物运输法下独立合同人责任研究［D］. 大连：大连海事大学，2020.

[7] 马得懿，周明园. 日本《商法典》下海上货物运输规则修订述评——以责任与海运单据为核心［J］. 国际贸易法论丛，2020，9（00）：119－135.

[8] 马炎秋，赵彬初，李忠美. 韩国电子提单立法介评［J］. 大连海事大学学报（社会科学版），2020，19（2）：13－19.

[9] 梁靖怡. 信用证结算业务中海运提单签章判定探讨［J］. 对外经贸实务，2019（10）：66－70.

[10] 刘大鹏. 海运承运人责任期间研究［D］. 天津：天津财经大学，2019.

[11] 熊俊，周颖. 从一则案例看进口商如何防范倒签提单风险［J］. 对外经贸实务，2019（6）：66－69.

[12] 宋娟娟，刘康. 海运出口货物无单放货风险分析及防范——以重庆 ABC 实业有限公司一则被无单放货业务为例［J］. 对外经贸实务，2019（3）：54－57.

[13] 芦翰成. 开证行拒付载有“IfRequired”条款提单剖析［J］. 中国外汇，2018（18）：58－60.

[14] 董鲁燕. 有关海运提单的风险分析和控制措施研究［J］. 知识经济，2018（17）：49－50.

[15] 丁莲芝. 执行国际海运管辖权条款之对比与策略分析研究［J］. 中国海商法研究，2018，29（2）：32－41.

[16] 董于波.《鹿特丹规则》下承运人法律责任规则研究［D］. 郑州：郑州大学，2018.

[17] 张丝路. 国际多式联运合同法律适用问题研究 [D]. 大连：大连海事大学，2018.

[18] 刘楠. 国际海运承运人之履行辅助人法律问题研究 [D]. 大连：大连海事大学，2016.

[19] LI JUNFENG. Research on Private International Law of Electronic Bill of Lading [J]. International Journal of Frontiers in Engineering Technology，2020，2 (1).

[20] JUNG SUN LEE. Limitation of Liability and Governing Law for Accidents Occurring before Issuance of Bill of Lading [J]. The Asian Journal of Shipping and Logistics，2018，34 (1)，13 - 18.

8 国际贸易纠纷解决

8.1 违约及其救济

在国际贸易中，双方当事人顺利完成交易，并形成良好的合作关系是最佳的结果，但有时候事与愿违。有时候双方当事人因为纠纷不能顺利完成交易，纠纷的发生意味着至少一方当事人对合同履行的结果不满意。这种不满意可能来源于两方面。第一，其中一方当事人或者双方当事人都未能按照合同与准据法的规定行事，以至于对方当事人无法通过履行合同达成自己的目的。对于这种情况，当事人之间的纠纷在明面上，这表明至少有一方当事人存在过失甚至是过错。但还有一种情况，由于国际贸易发生在不同关税区之间的当事人之间，当事人所处关税区的法律互异，惯例不同，针对合同中的同一条款也可能存有完全不同的理解。因此，即使当事人都依据自己对合同条款的理解，按照诚实信用原则行事，依然可能造成纠纷。在这种纠纷中，很难断定谁对谁错，但纠纷实实在在产生了。

可以看出，国际贸易中纠纷的产生较一般的国内交易更为复杂，这种纠纷对国际贸易的顺利完成构成了严重的阻碍。因此，如何化解纠纷是国际贸易的实务操作，以及国际贸易研究中不可或缺的部分。本节内容我们且不论纠纷产生的原因是什么，我们假设一方当事人对合同履行的结果不满意是由对方当事人的违约造成的，那么“受害者”一方当事人如何为保护自己的合法权益行使救济手段。

8.1.1 卖方违约与买方救济

根据 CISG 的规定，卖方在合同履行过程中应该负担“交货（移交货物的控制权）；移交与货物相关的单据；向买方移交货物的所有权”。通常情况下，合同中条款会对卖方如何完成这三大义务作出详细规定，如果卖方没有按照合同的规定行事，就会构成卖方违约。根据 CISG 的规定，此时买方享有以下救济权利。

（1）强制履行权

强制履行权（specific performance）是买方救济权力中最基础的一项。所谓强制履行权，其实是一种命令，即买方在卖方没有履行义务时命令其履行义务。另外需要注意的是，强制履行权并不是任何情况下都可以行使的，如果买方采取了与强制履行权相冲突的救济权力（如解除合同），那么将不能再要求卖方履行义务。

（2）延期履行指定权

如果在卖方不履行义务时，买方基于自己的判断认为等待卖方履行义务依然有利可图时，可以设定一个追加的时间，让卖方可以延期履行义务。需要注意的是，如果买方选择让卖方延期履行义务，根据“禁止反言原则”，在其所指定的延长期内，不可以再行使其他救济权利。当然，如果卖方在延长期内仍然不履行义务，或者在延长期内宣称“自己将不履行义务”，买方将享有合同解除权。

（3）替代品请求权

替代品请求权是指买方可以要求卖方交付替代品以替换有瑕疵的货物。这与我们日常生活中的“换货”类似。但在国际贸易上，根据 CISG 的要求，替代品请求权的行使具有严苛的前置条件。法律上要求只有在卖方交付的货物不符合合同，构成“根本违约”,[①] 且买方可以将已经收到的货物“原状态返还”时方可行使替代品请求权。

（4）瑕疵修补请求权、货款减额请求权

如果卖方交付的货物具有一定瑕疵，但瑕疵又没有严重到构成“根本违

① “根本违约”是 CISG 第 25 条规定的一种“严重的违约行为”，要求违反合同的一方当事人的行为“实质上剥夺了另一方当事人根据合同有权期待得到的东西”。根本违约是 CISG 援引英美法得到的一个概念，在我国的法律中并没有明确提出此概念。

约”的程度。那么买方可以要求卖方对瑕疵进行修补，或者要求卖方对货款进行减额。需要注意的是，瑕疵修补请求权是在卖方交付的货物的价值低于合同规定货物的价值时，要求卖方将货物修补至符合合同的标准，而货物减额请求权是要求卖方在货款中减去交货的价值与合同规定货物的价值之间的差额。因此，瑕疵修补请求权和货款减额请求权都是在货物存在瑕疵，但不构成根本违约时的买方救济权利，但两者不可以同时行使。

（5）合同解除权

合同解除权，顾名思义是指买方因为卖方的违约不愿意再继续履行合同，从而将合同解除的权利。在国际贸易中，从合同订立之初双方当事人就会投入大量成本，而合同的解除将使这些成本全部浪费。因此，CISG 对合同解除权的行使作了极其严苛的规定。

按照 CISG 的规定，只有两种情况买方可以解除合同。第一，卖方不履行任何义务，从而构成根本违约；第二，买方指定卖方延期履行义务时，卖方在延长期内仍不履行义务，或者在延长期内宣称自己将不履行义务。对于前者，买方要行使合同解除权时，还需要证明卖方构成了根本违约。

这里还有一点需要注意，如果买方行使了合同解除权，除与合同解除相关的条款和赔偿条款外，其他条款就会被解除。同时，双方当事人将具有恢复关系至合同订立之前的义务。即，买方要返还卖方已经交付的货物（不论货物是否符合合同），且归还自己在占有货物的期间因货物而产生的收益；而卖方需要返还买方已经支付的货款，以及货款产生的利息。

阅读材料：

关于卖方违约及其救济的两个问题

试想：如果交易中卖方分批向买方交货，一些批次的交货中卖方履行了合同义务，而一些批次中卖方构成了违约，此时该如何处理？

针对此问题，CISG 中作了规定。卖方的部分违约需要分两种情况来讨论。第一，卖方分批交付的货物之间不存在相互依存的关系。此时买方可以针对卖方违约部分提出救济权利，而对卖方履行义务的部分，买方同样需要履行义务。第二，卖方分批交付的货物之间存在相互依存的关系。此时任何批次的货物存在问题，都将使其他批次交付的货物无意义，此时买方可以针对整个合同提出救济权利。

试想：合同约定了卖方交货的时间与数量，如果卖方延迟交货或者交付货物数量少于约定数量，这自然是卖方违约。但如果卖方提前交货或者交货数量多于约定数量，卖方是否构成违约？

我们判断卖方是否违约，重要的是看卖方的行为是否造成了买方成本的增加或者是否给买方造成了不便。那么卖方提前交货是否给买方造成了成本支出或者不便呢？答案是有可能。在大多数情况下，买方购买货物是为了在本国进行转售或者用于再加工，而转售或者再加工通常是有计划的，卖方提前交货势必造成买方在真正要用到货物之前的仓储成本增加。根据 CISG 的规定，如果卖方提前交货，买方可以选择接收或者不接收，并且买方可以向卖方索取因提前交货带来的成本增加或不便的补偿。而对于卖方交货数量大于约定数量，买方同样具有选择权，他可以选择收取多交部分的全部或者一部分，买方需要按照他实际收取货物的数量付款。

因此可以看出，卖方提前交货或者多交货虽然谈不上违约，但都赋予了买方选择权，这对于卖方是不利的，一个理性合理的卖方在交易中既不应该提前交货，也不应该多交货。

8.1.2 买方违约与卖方救济

国际贸易合同是一种公平的双务合同，当卖方违约时买方可以行使救济权利，同样买方违约时卖方也可以行使救济权利。根据 CISG 的规定，买方在履行合同过程中应该负担“按照法律法规规定付款；收货”等两项义务。如果买方违反了这两项义务，卖方即可行使救济权利。

（1）强制履行权

卖方同样享有强制履行权。当买方不履行自己在合同中的义务时，卖方可以命令他履行义务。这与买方行使的强制履行权并没有任何区别，当卖方行使强制履行权时，同样不能行使其他与强制履行权相冲突的其他救济权利。

(2) 延期履行指定权

如果在买方不履行义务时，卖方基于自己的判断认为等待买方履行义务依然有利可图时，可以设定一个追加的时间，让买方可以延期履行义务。需要注意的是，如果卖方选择让买方延期履行义务，根据“禁反言原则”，在他所指定的延长期内，不可以再行使其他救济权利。当然，如果买方在延长期内仍然不履行义务，或者在延长期内宣称“自己将不履行义务”，卖方将享有合同解除权。

(3) 明细规格确定权

从常理来看，买方付款购买货物，自然拥有对货物的规格（包括但不限于大小、颜色、型号等）的确定权。即买方应该告诉卖方他需要的货物具体是什么样的货物。如果在合同订立之后，买方没有在合理时间内告知卖方其对于货物规格的要求，或者在卖方询问时没有在合理时间内给出准确回答，那么卖方可以根据自己的理解来确定货物的规格，卖方的这种权利称为“明细规格确定权”。

当然，卖方行使明细规格确定权时必须合理，应该根据所能获取的信息做出判断。比如，卖方是一家综合汽车销售商，以单价十万美元订购了一批轿车，那么卖方行使明细规格确定权时，他应该在价值十万美元的不同轿车中去确定具体的轿车型号，如果他将货物的明细定为 1 万美元的汽车就显然不合理。另外，CISG 要求卖方在行使明细规格确定权时，要留下足够的时间给买方提出不同意见。

(4) 合同解除权

与买方行使的合同解除权相同，卖方也只有两种情况可以与买方解除合同。第一，买方不履行任何义务，从而构成根本违约；第二，卖方指定买方延期履行义务时，买方在延长期内仍不履行义务，或者在延长期内宣称自己将不履行义务。同样，如果卖方解除合同，双方当事人将具有恢复关系至合同订立之前的义务。

8.1.3 损害赔偿与预期违约

上述救济权利是卖方（或买方）针对买方（或卖方）违约时所能行使的

权利，这些权利是不可以公用的，如买方没有按时付款时，卖方不能既许可买方延期付款，同时又解除合同。但在国际贸易中，也存在一些可以与上述救济权利同时使用的权利。

（1）损害赔偿请求权

损害赔偿请求权被认为是最基础的救济权利，也是同时可以被双方当事人所使用的救济权利。一般来讲，双方当事人遭遇对方的违约之后，会行使自己相应的救济权利，但这些权利的目的只是缓解因违约带来的损害，但损害本身已经造成。如：卖方过失造成延迟发货，而买方选择行使延期履行指定权，设定一个宽限期让卖方可以延期履行义务，即使卖方在宽限期内按约发货，但买方不能在预定时间内收到货物已经是既定事实。因此，为弥补损失，买方在行使延期履行指定权的同时，也可以要求损害赔偿。

关于损害赔偿额度如何计算的问题，CISG 上有明确规定。损害赔偿额度应该与一方当事人违约给对方当事人造成的包括利润在内的实际损失相等，但这个额度不应该超过违约一方当事人在违约时所能预知到的最大损失。①

（2）预期违约制度

国际贸易合同是一种双务合同，这种双务合同的性质不仅体现在双方均有相互对等的义务，更要求当事人同时履行自己的义务。严格来讲，任何一方当事人都可以在对方履行合同义务之前拒绝履行自己的义务。因此，法理上要求国际贸易中的双方当事人应该进行一种“一手交钱，一手交货”的交易。然而这种同时履行义务的交易在国际贸易中几乎不可能办到。在国际贸易实务中，买方预付款，或者卖方先发货是一种常态。在这种常态交易中，先履行义务的一方当事人必然存在一种“对方是否履行义务”的疑虑。为了消除这种疑虑，CISG 上规定了预期违约制度。

预期违约制度赋予了先履行义务的一方当事人一种自我保护的救济权利，即当需要先履行义务的一方当事人认为后履行义务的一方当事人显然将不履

① 此原则称为“赔偿的可预见性原则”，是指在合同履行过程中，一方当事人违约所需要赔偿的最高限额不能超过违约一方当事人所能预见的最高额度。此原则保证了合同履行的稳定，也杜绝了违约的受害方无限制地索取赔偿。

行义务，那么先履行义务的一方当事人可以中止履行自己的义务。这里有两点需要注意：第一，判断后履行义务的一方当事人是否会违约，取决于先履行义务的一方当事人的主观判断。先履行义务的一方当事人的这种判断可以是基于对方当事人的行为，或者其他所掌握的信息。第二，先履行义务的一方当事人启动预期违约制度保护自己，只能暂停履行义务，而不是解除自己的义务。如前所述，后履行义务的一方当事人是否会违约只是先履行义务的一方当事人的判断，这种判断未必是正确的，即使先履行义务的一方当事人暂停履行义务，如果后履行义务的当事人对义务履行作出了某种保证，则先履行义务的一方当事人必须继续履行义务。当然，如果先履行义务的一方当事人有充足理由相信后履行义务的一方当事人的违约将构成根本违约，他也可以解除合同。

启动预期违约制度充分缓解双方当事人在先后履行义务时，先履行义务的一方当事人的疑虑，但同时也应该注意到，启动预期违约制度对双方当事人的互信是致命打击。因此，先履行义务的一方当事人无论是暂停自己的义务，还是直接解除合同，都需要有充分的证据，不到万不得已，预期违约制度不应该被轻易启动。

8.2 纠纷解决方式

理论上，双方当事人的和解、和解不成时的调解、仲裁、诉讼都是国际贸易纠纷的解决方式。在当前的国际贸易实务中，仲裁是最常见的纠纷解决方式，而调解是联合国国际贸易法委员会正在推广的解决方式。

8.2.1 仲裁

（1）仲裁的概念

仲裁是一种协议，这种协议约定了双方当事人根据仲裁合同或合同中的仲裁条款，对交易中发生的纠纷或对未来交易中可能发生的纠纷，让双方均同意的独立第三方仲裁员以民间个人或机构的身份，使用双方当事人均同意的法律法规或惯例进行裁决，并且双方当事人均同意服从这种裁决结果。

上述仲裁概念略显复杂，但我们可以提取相关关键词对其进行理解。

第一，仲裁需要双方当事人事前同意。这是仲裁区分于诉讼的一大特点。对于仲裁而言，只有在双方当事人在纠纷解决前就约定好对纠纷采取仲裁方式解决方可开展仲裁活动。换句话说，仲裁不可以单方面提起，在进行纠纷解决时，任何一方当事人都不可以在没有经过对方许可的情况下提前诉讼。而双方当事人对于仲裁的约定，通常表现为在国际贸易合同中的仲裁条款，或者双方单独订立的仲裁合同。

第二，仲裁员与适用法律法规的选定是双方共同决定的。在纠纷解决中实现公平极其重要。因此，谁（或者哪个机构）来进行仲裁，双方当事人需要商议后决定，由于仲裁员是双方当事人商议的结果，因此足以保证仲裁员不会在仲裁过程中偏向某一方当事人。另外，仲裁的裁决基准——准据法，也是双方当事人共同商议的结果，这些制度都保证了仲裁的公平性。

第三，仲裁是民间活动，但具有强制力。不管是仲裁员还是专门的仲裁机构，都不代表国家司法，仲裁是一种单纯的民间活动。需要注意的是，虽然仲裁是一种民间活动，但仲裁的结果具有强制力，这种强制力来源于双方当事人的约定。因为仲裁合同或仲裁条款约定了双方当事人会服从于仲裁的裁决结果。

（2）仲裁的优缺点

仲裁之所以成为当前最常见的国际贸易纠纷解决方式，是因为仲裁有以下优点：

第一，仲裁是一种自主性纠纷解决方式。大多数研究认为，仲裁的进行与否，仲裁员的选定，准据法的选定都是就双方当事人的商议，即仲裁严格遵循了当事人意思自治原则，因此仲裁可以在一种相对和谐的氛围中进行。这是大部分研究认可的结论，但本书作者对此存疑。

第二，仲裁可以实现纠纷的快速解决。这是相对于诉讼而言的。按照我国现行诉讼制度，诉讼为二审终审制，对一审判决有异议的当事人可以提出上诉。在部分国家，诉讼制度为三审终审制。因此，要通过诉讼解决纠纷需要相当长的一个诉讼过程。仲裁实行一审终审制，这极大缩短了纠纷解决所需时间。

第三，仲裁成本相对低廉。因为仲裁实行一审终审制，这不仅节约了时间，相对简单的程序也带来了成本低廉的优势。从实践来看，依赖仲裁进行纠纷解决，所需费用为诉讼的20%左右。

第四，仲裁可以保守商业秘密。诉讼的公开审判制度被认为是一种司法进步，在某些方面公开审理与审判确实有利于司法公正的实现，但同时也会带来当事人秘密被公开的问题。仲裁采取了一种非公开审理的制度（closed proceedings），因此双方当事人的商业秘密不会泄露给其他第三方。

第五，仲裁依靠专家进行审理。在诉讼中，法官代表国家司法权力，法官的选任制度保障了法官一定是法律方面的专家，但无法保障法官是商业领域的专家。因此法官的判决可以符合程序正义，但未必能实现商业利益最大化。仲裁则不同，由于仲裁是民间活动，仲裁员的来源要宽泛得多，具有法律知识的律师、具有理论深度的教授、具有实务经验的企业家等都可以成为仲裁员，加上仲裁员的选择是双方当事人商议的结果，这保证了仲裁员可以拥有最适合的专业知识。

第六，仲裁结果具有国际效力。双方当事人不愿意选择诉讼作为国际贸易纠纷的解决方式，其很大原因在于诉讼的结果不具有国际效力。诉讼结果来源于法院判决，这种判决是国家司法机关对于纠纷的结果认定。由于司法主权的限制，无论法院的判决结果是否正确，一国都难以认可另一国的判决结果。但仲裁则不同，仲裁是民间活动，且1958年《纽约公约》的缔结，让仲裁结果在《纽约公约》会员国都具有了可执行效力，这对国际贸易这种跨关税区的商业活动而言是极其重要的。

虽然仲裁有上述优点，但也存在一些缺点和问题。例如，由于仲裁并不是严格意义上的司法活动，仲裁员作为民间人员，他没有权力要求任何人配合仲裁。因此，如果纠纷中的一些关键证人不愿意配合案件审理时，仲裁审理过程会遇到困难。还需着重注意的一点是仲裁结果不具有可纠错性。仲裁实行的一审终审制让仲裁结果不具有上诉的可能，任何一方当事人即使对仲裁结果持异议，也没有任何救济手段。

阅读材料：

从“孙杨案”看仲裁的不可上诉性

孙杨与国际反兴奋剂组织（WADA）之间由于一次兴奋剂检测问题发生冲突，2020 年国际体育仲裁法庭认定孙杨存在抗拒兴奋剂检测的行为，宣告对孙杨禁赛 8 年。孙杨对国际体育仲裁法庭的判决结果表示不服，并上诉至瑞士联邦最高法院，瑞士联邦最高法院撤销了国际体育仲裁法庭的判决。“孙杨案”是 2020 年广受关注的案件，虽然这不是一起商事仲裁案件，但我们可以通过此案件了解仲裁的不可上诉性。

首先，当事人不服仲裁结果也不能上诉，即使仲裁的判决结果是错的，当事人也只能接受这种结果，这是仲裁的基本制度设定。但是，如果仲裁的过程存在瑕疵，法院可以撤销仲裁的判决结果。在“孙杨案”中，孙杨的上诉并不是针对国际体育仲裁法庭的判决，而是针对了仲裁的程序。审理“孙杨案”的仲裁组共有 3 名仲裁员，主席弗拉蒂尼曾在 2018 年与 2019 年在社交媒体上讽刺我国有吃狗肉的习惯。据此，瑞士联邦最高法院认为弗拉蒂尼不排除对华人有歧视，难以保证在案件审理过程中的公正性，因此要求撤销国际体育仲裁法庭的判决，要求重新组成仲裁组对案件进行再审。

从“孙杨案”可以看出，仲裁结果不具有任何的可上诉性，前提是在仲裁的过程中严格遵循了程序的要求，如果在程序上有问题，法院可以撤销仲裁的判决，但法院并不会就仲裁的结果做任何实质性审查。换句话说，如果仲裁在严格遵循程序的情况下出现了错误的结果，这个错误结果当事人也只能接受。

（3）仲裁合同

上文所述，要使用仲裁来解决国际贸易中的纠纷，必须有仲裁合同或合同中仲裁条款的规定。关于仲裁合同，其适用对象、成立要件、合同基本要件、合同种类四个问题值得关注。

第一，仲裁适用对象。由仲裁的定义可以看出，仲裁是一种民间的非司法活动。因此，仲裁只能适用于私法领域（private law）的纠纷解决。对于不能遵循当事人意思自治原则的法律关系，并不属于仲裁的适用对象。

第二，仲裁成立要件。一个纠纷要适用仲裁进行解决，这个纠纷本身需要具备三个要件。首先，当事人必须具有行为能力。由于仲裁的选择与运用属于当事人意思自治的范畴，因此当事人必须有完全的民事行为能力。其次，纠纷必须是现实存在的。仲裁本身是一种纠纷解决方式，如果纠纷不存在，仲裁也就失去了意义。最后，纠纷必须是书面规定的可仲裁纠纷之一。从仲裁的定义可以看出，仲裁是解决双方当事人“约定纠纷”的一种方式，因此就算在国际贸易中发生了纠纷，只要这种纠纷不是约定使用仲裁进行解决的纠纷，仲裁也不能成立。

第三，仲裁合同基本要件。仲裁合同是双方当事人就纠纷进仲裁解决的约定，仲裁合同的成立需要有仲裁实体与仲裁程序两个基本要件。在仲裁实体中，包含了仲裁地点、仲裁机构、准据法三方面要点。即在仲裁合同中必须说明仲裁在何地，有哪一个机构，使用怎样的法律进行。而仲裁程序方面，仲裁合同还需要规定仲裁员人数、仲裁员选定的方法、仲裁相关费用的分担问题、仲裁时间、仲裁过程中的审理方法等。

第四，仲裁合同种类。现实中的仲裁根据所处理纠纷的类型划分为两种。如果仲裁处理的纠纷是已经发生的纠纷，双方当事人在纠纷发生后才约定使用仲裁进行解决，此时的仲裁合同称为仲裁委托合同（submission to arbitration）。还有一种情况是纠纷尚未发生，而双方当事人提前约定将来发生某种纠纷时使用仲裁进行解决，这时惯例上并不会单独订立仲裁合同，而是在国际贸易合同中加入仲裁条款（arbitration clause）。

8.2.2 调解

（1）调解的概念

调解与仲裁类似，都是一种非司法的纠纷解决方式，同时也是一种协议，这种协议约定双方当事人根据调解合同或合同中的调解条款，对交易中发生的纠纷或对未来交易中可能发生的纠纷，让双方均同意的独立第三方调解员以民间个人或机构的身份，使用双方当事人均同意的法律法规或惯例进行调停，并期待得到一个双方当事人都能接受的结果。

可以看出，这个概念与仲裁的概念是类似的，对比这两个概念可以看出，调解有以下特点：

第一，调解需要事前约定。与仲裁类似，如果双方当事人愿意使用调解进行纠纷解决，他们应该在进入调解前就已对调解的各项事宜做好了约定。

第二，调解是一种民间非司法活动。在调解活动中，调解员的身份是独立于双方当事人的第三方民间人员，并且不代表国家权力。

第三，调解是一种完全非对抗性的纠纷解决方式。这种非对抗性体现在调解员的角色上。在仲裁或诉讼中，仲裁员与法官都具有裁决的能力，他们可以根据事实证据和准据法的规定作出符合法律的裁决，而不论当事人双方是否同意或接受这种裁决结果。但调解则不同，调解员只能对双方当事人进行"劝和"，而没有强制裁决的能力。

（2）调解的价值

调解的概念决定了调解是一种非对抗性的纠纷解决方式，这种非对抗性正是调解被联合国国际贸易法委员会所推崇的原因。

要理解调解的非对抗性，首先需要从诉讼和仲裁中存在的对抗性来理解。在传统的认知中，诉讼是一种强对抗的纠纷解决方式。因为任何一方当事人可以在完全不经过另一方当事人同意的情况下，只依据自己对合同履行的不满提出诉讼。而法官也一定会在双方当事人的纠纷中判明谁对谁错。如果在终审之后仍有某一方或双方当事人对判决持有异议，那也只能执行判决的结果。但是可以想象，经历了这样一轮流程之后，双方当事人之间的互信必然受到严重影响。

虽然一些研究认为仲裁的对抗性要小于诉讼，但本书作者并不同意这种观点。一方面，虽然仲裁并非司法活动，但我们完全可以认为仲裁是一个类司法活动。因为仲裁的定义中，要求双方当事人需要服从仲裁的结果，这导致仲裁的结果虽然不是国家司法权力做出的，但具有和国家司法权力做出的结果具有完全相同的效力。另一方面，仲裁具有不可上诉性，这样带来的结果是让一个可能存在错误的结果不具有可纠错性，如此，对于双方当事人之间互信的伤害绝不亚于诉讼。

但调解则完全不同。在调解过程中调解员没有任何权力去判断双方当事人纠纷中间的对与错，他的职能仅仅是撮合双方当事人对纠纷达成一种和解。由于通过调解形成的和解协议是双方当事人自愿达成的，因此通过调解解决的纠纷，对双方当事人之间的伤害极小，在解决纠纷的同时保留了双方当事人继续成为商业伙伴的可能性。

8.2.3 纠纷解决方式的选择

解决国际贸易纠纷方式很多，那么作为企业而言，如何选择纠纷解决方式就是一个现实且重要的问题。本书已经反复强调过，当前国际贸易中最常使用的纠纷解决方式是仲裁，而联合国国际贸易法委员会推崇使用调解。但是，这并不意味着调解和仲裁就一定要优于其他纠纷解决方式。

要了解如何选择纠纷解决方式，首先需要明白为什么当前仲裁会成为最常使用的纠纷解决方式。国际贸易作为一种私人之间的经济活动，其根本目的是为其主体增加经济利益，由于买卖双方当事人在国际贸易中的利益是相互冲突的，纠纷的发生就难以避免。一般来讲，纠纷发生之后，要依赖双方当事人自己去和解本身存在一定困难，所以引入独立的第三方来解决纠纷是十分必要的。问题就在于第三方是以怎样的身份被引入的。

对于调解而言，这个第三方是来自民间，其作用更多的是方便双方当事人在纠纷解决过程中的意思沟通，仲裁员的角色与民间纠纷解决中的“和事佬”类似。选择使用调解来解决纠纷的双方当事人目的也很明确，寄希望在“和事佬”的撮合下达成双方当事人都可以接受的纠纷解决方案。需要注意的是，这个解决方案是双方当事人都可以接受的，但未必是“正义”的，因为在调解过程中纠纷的解决在很大程度意味着一方当事人将抛弃一些现实利益。这就意味着在调解过程中如果一方当事人完全不能放弃自己的现实利益，或者在态度上表现出不可调和的强硬，调解也可能失败。

仲裁与诉讼则不然，第三方具有一种强制力，可以依据事实证据、准据法规定，甚至是他自己的自由裁量，作出一个让双方当事人不得不服的判决，对于这个判决即使不能让双方当事人都满意，但双方当事人依旧必须去执行。因此，仲裁与诉讼没有失败一说，仲裁和诉讼一旦启动，第三方一定会就双方当事人之间的对与错、得与失作出一个判决。

可以看出，在各种纠纷解决的方式中，要维系双方当事人的互信就不能赋予第三方强制力，这可能带来纠纷解决失败的后果；相反，如果要彻底解决纠纷，就必须引入具有强制力的第三方，这又会伤害双方当事人之间的互信。在双方当事人互信维系与纠纷的彻底解决两者中，很难做到两全其美。因此，我们也不能够说哪一种纠纷解决方式一定是好的。

至于双方当事人如何选择纠纷解决方式的问题，这需要从交易的类型，双方当事人的关系来综合判断。如果交易发生在两个需要长期合作的当事人之间时，选择调解来解决纠纷，同时不破坏双方当事人的互信，这是最佳的选择。相反，交易发生在现货采购中，双方当事人在今后合作的机会不大，那就没有必要选择没有强制力的调解，仲裁与诉讼或许是更好的选择。

参考文献

[1] 包康赟.《新加坡调解公约》的“后发优势”与中国立场［J］. 武大国际法评论，2020（6）：15－36.

[2] 宋连斌，胥燕然. 我国商事调解协议的执行力问题研究——以《新加坡公约》生效为背景［J］. 西北大学学报（哲学社会科学版），2021（1）：21－32.

[3] 王维新. 关于后公约时代国际商事调解对中国的影响研究［J］. 法制博览，2020（34）：179－180.

[4] 傅攀峰. 国际商事仲裁协议的自治性：法国的视角［J］. 仲裁研究，2020（2）：37－47.

[5] 单晓慧. 国际商事仲裁协议效力准据法的新确定方法［J］. 仲裁研究，2020（2）：48－58.

[6] 陈挚. 我国商事仲裁送达的“去诉讼化”思考［J］. 仲裁研究，2020（2）：106－120.

[7] 朱奕. 不安抗辩权与预期违约制度比较与立法选择［J］. 湖南工程学院学报（社会科学版），2020，30（3）：108－112.

[8] 黄一文，王婕. 新加坡商事调解制度的发展及其启示［J］. 商事仲裁与调解，2020（3）：88－113.

[9] 叶金强. 不安抗辩中止履行后的制度安排——《民法典》第528条修正之释评［J］. 法律科学（西北政法大学学报），2020，38（5）：132－139.

[10] 高奇．论国际和解协议在我国的跨境执行：理论分析与制度建构［J］．理论月刊，2020（8）：96－108.

[11] 张丽英．《新加坡调解公约》的解读及中国商事调解制度的衔接［J］．商事仲裁与调解，2020（2）：3－17.

[12] 马阳阳，董艳．后公约时代国际商事调解对中国的影响［J］．安阳师范学院学报，2020（3）：52－57.

[13] 周若昕．CISG 非违约方减损规则及其在我国的适用［D］．北京：外交学院，2020.

[14] 赵云．《新加坡调解公约》：新版《纽约公约》下国际商事调解的未来发展［J］．地方立法研究，2020，5（3）：76－86.

[15] 刘敬东，孙巍，傅攀峰，孙南翔．批准《新加坡调解公约》对我国的挑战及应对研究［J］．商事仲裁与调解，2020（1）：45－60.

[16] 江梦丽．我国执行和解协议违约救济机制的研究［D］．北京：中国社会科学院研究生院，2020.

9 国际贸易实务研究的展望

回顾全书的内容，从国际贸易的概念开始，到国际贸易合同的订立与履行，再到结算、保险、运输等附属合同，本书从合同与合同履行的视角将国际贸易的流程进行了拆解并重组，以一种更为学术体系的方式讨论了国际贸易实务的相关问题。最后，本书作者愿意对国际贸易实务的研究趋势做一个预测，以此作为本书的终结。

首先，作为研究对象，国际贸易实务研究极其困难。这种困难主要体现在国际贸易实务的学科定位之上。国际贸易学在国内与国际 SSCI 学科体系下被归于经济学领域，但是国际贸易学本身具有融合学科的性质，其本身涉及经济学、管理学、法学，甚至一些工程类学科的领域，因此研究国际贸易学需要的研究方法论并不是单一方法论，这都给国际贸易学的研究带来困难。

其次，学者对国际贸易实务的研究缺乏动力。在过去，学术论文的发表是学术研究成功的主要表现形式，也是对一名学者的研究能力以及学术贡献做出评价的主要依据，这导致了社会科学界存在“唯论文”的倾向。虽然我国明确提出了要纠正“唯论文”的错误倾向，但不得不说，一名学者在进行学术时，将自己的观点、思想，以及发现在专业学术期刊上公开发表是十分重要的事情。而国际贸易实务作为一种行业操作流程，对其的研究能否算作一种学术研究难以定论。事实上，无论是国内核心学术期刊，还是 SSCI 检索的国际学术期刊都难以找到刊发国际贸易实务的经济学学术期刊。① 这直接导致了鲜有学者会对国际贸易实务进行学术层面的研究。

---

① 据本书作者进行研究投稿的经验，国内核心期刊武汉纺织大学发行的《对外经贸实务》与 SSCI 检索期刊韩国贸易学会发行的 *Journal of Korea Trade* 是为数不多的愿意刊登国际贸易实务研究论文的学术期刊。

基于上述的原因，如何进行国际贸易实务的研究是一个难以回答的问题。有关此问题，本书作者通过自己的研究经历对国际贸易实务的研究趋势做出以下展望：

第一，国际贸易实务本身的研究会被弱化。这里需要强调的是，本书作者认为的是国际贸易实务研究会弱化，并不是说国际贸易实务不重要。国际贸易实务是国际贸易学的基础，一切国际贸易学的研究都是围绕国际贸易实务的流程展开的。但是将国际贸易实务作为一种学问去研究，本身是一个低效率的事情。国际贸易实务本身是为了完成双方当事人之间的交易，深入的研究容易陷入一种学术界自娱自乐的怪圈，其研究结果不能服务于双方当事人之间的交易，对国际贸易学而言，这样的研究本身是没有意义的。

第二，国际贸易实务会逐渐往国际贸易相关法律与国际贸易规则上转移。国际贸易实务当前是我国高校国际经济与贸易专业的必修课程，但本书作者从国外知名高校的国际贸易教育了解到，国际贸易实务已经逐渐从国外的国际贸易学教育中消失，取而代之的是“国际贸易合同论”。之所以有这样的变化是因为国际贸易实务教育的思维转变。国际贸易实务更像是一种职业技能，对于技能的培养最佳的场所是职业现场而不是课堂。高校对于国际贸易实务人才的培养应该是对能解决国际贸易实务中发生的问题的人才的培养，而不是单纯的操作型人员培养。而解决国际贸易实务中的问题，需要的是对国际贸易法律与规则的了解，这也是本书在撰写过程中决定以合同视角对国际贸易实务进行拆解的原因。

第三，国际贸易实务与法学研究的边界模糊。上文所示，国际贸易实务属于国际贸易学的分支领域，同时也是国际贸易学的基础领域。国际贸易学虽然属于经济学范畴，但国际贸易实务在研究上却更贴近法律研究。本书作者注意到一个很有意思的现象，在为数不多的国际贸易实务研究论文中，作者往往具有很强的法学研究背景。更有甚者，近期的国际贸易实务研究，已经不满足于对 CISG 贸易术语通则的研究，而是更进一步深入国际统一私法学会（UNIDROIT）原则的研究中，这已经开始进入法理层面的研究。

第四，新技术在国际贸易实务中的运用。其实，以合同视角去拆解国际贸易实务流程，最大的一个优势就是可以更为清楚地理顺国际贸易流程中各方当事人的权利、义务关系。这样可以极大便利处理国际贸易实务中出现的纠纷问题。而新技术的出现可以极大避免国际贸易实务中的问题，这些技术可以改变国际贸易实务的流程。如：区块链技术对国际运输、国际结算的运用，就可以极大改善国际贸易实务中存在的当事人互信问题，汇丰银行的案例也证明了区块链技术在信用证交易中运用的可能性。因此，未来的国际贸易实务研究，忽略技术革新给国际贸易实务带来的变化，从而固执于传统视角的研究是不合适的。

最后，本书作者认为，国际贸易实务本身作为一种职业技能，在对其进行研究时的目的应该回归到如何帮助双方当事人顺利完成交易之上，否则国际贸易实务的研究就没有意义。由于国际贸易的交易形式处于动态变化过程中，因此在未来国际贸易实务研究的方法与对象也会持续变化，本书的研究也只能是对国际贸易实务研究当前状态的一个小结。至于未来国际贸易实务的研究，还有赖于学界、业界的共同努力。

附　录

联合国国际货物销售合同公约

序　言

本公约各缔约国，

铭记联合国大会第六届特别会议通过的关于建立新的国际经济秩序的各项决议的广泛目标，考虑到在平等互利基础上发展国际贸易是促进各国间友好关系的一个重要因素，认为采用照顾到不同的社会、经济和法律制度的国际货物销售合同统一规则，将有助于减少国际贸易的法律障碍，促进国际贸易的发展，兹协议如下：

第一部分　适用范围和总则

第一章　适用范围

第一条

（1）本公约适用于营业地在不同国家的当事人之间所订立的货物销售合同：

（a）如果这些国家是缔约国；或

（b）如果国际私法规则导致适用某一缔约国的法律。

（2）当事人营业地在不同国家的事实，如果从合同或从订立合同前任何时候或订立合同时，当事人之间的任何交易或当事人透露的情报均看不出，应不予考虑。

(3) 在确定本公约的适用时，当事人的国籍和当事人或合同的民事或商业性质，应不予考虑。

第二条

本公约不适用于以下的销售：

(a) 购供私人、家人或家庭使用的货物的销售，除非卖方在订立合同前任何时候或订立合同时不知道而且没有理由知道这些货物是购供任何这种使用；

(b) 经由拍卖的销售；

(c) 根据法律执行令状或其他令状的销售；

(d) 公债、股票、投资证券、流通票据或货币的销售；

(e) 船舶、船只、气垫船或飞机的销售；

(f) 电力的销售。

第三条

(1) 供应尚待制造或生产的货物的合同应视为销售合同，除非订购货物的当事人保证供应这种制造或生产所需的大部分重要材料。

(2) 本公约不适用于供应货物一方的绝大部分义务在于供应劳力或其他服务的合同。

第四条

本公约只适用于销售合同的订立和卖方和买方因此种合同而产生的权利和义务。特别是，本公约除非另有明文规定，与以下事项无关：

(a) 合同的效力，或其任何条款的效力，或任何惯例的效力；

(b) 合同对所售货物所有权可能产生的影响。

第五条

本公约不适用于卖方对于货物对任何人所造成的死亡或伤害的责任。

第六条

双方当事人可以不适用本公约，或在第十二条的条件下，减损本公约的任何规定或改变其效力。

第二章　总则

第七条

(1) 在解释本公约时，应考虑到本公约的国际性质和促进其适用的统一以及在国际贸易上遵守诚信的需要。

(2) 凡本公约未明确解决的属于本公约范围的问题，应按照本公约所依据的一般原则来解决，在没有一般原则的情况下，则应按照国际私法规定适用的法律来解决。

第八条

(1) 为本公约的目的，一方当事人所作的声明和其他行为，应依照他的意旨解释，如果另一方当事人已知道或者不可能不知道此一意旨。

(2) 如果上一款的规定不适用，当事人所作的声明和其他行为，应按照一个与另一方当事人同等资格、通情达理的人处于相同情况中，应有的理解来解释。

(3) 在确定一方当事人的意旨或一个通情达理的人应有的理解时，应适当地考虑到与事实有关的一切情况，包括谈判情形、当事人之间确立的任何习惯做法、惯例和当事人其后的任何行为。

第九条

(1) 双方当事人业已同意的任何惯例和他们之间确立的任何习惯做法，对双方当事人均有约束力。

(2) 除非另有协议，双方当事人应视为已默示地同意对他们的合同或合同的订立适用双方当事人已知道或理应知道的惯例，而这种惯例，在国际贸易上，已为有关特定贸易所涉同类合同的当事人所广泛知道并为他们所经常遵守。

第十条

为本公约的目的：

（a）如果当事人有一个以上的营业地，则以与合同及合同的履行关系最密切的营业地为其营业地，但要考虑到双方当事人在订立合同前任何时候或订立合同时所知道或所设想的情况；

（b）如果当事人没有营业地，则以其惯常居住地为准。

第十一条

销售合同无须以书面订立或书面证明，在形式方面也不受任何其他条件的限制。销售合同可以用包括人证在内的任何方法证明。

第十二条

本公约第十一条、第二十九条或第二部分准许销售合同或其更改或根据协议终止，或者任何发价、接受或其他意旨表示得以书面以外任何形式作出的任何规定不适用，如果任何一方当事人的营业地是在已按照本公约第九十六条做出了声明的一个缔约国内，各当事人不得减损本条或改变其效力。

第十三条

为本公约的目的，“书面”包括电报和电传。

第二部分　合同的订立

第十四条

（1）向一个或一个以上特定的人提出的订立合同的建议，如果十分确定并且表明发价人在得到接受时承受约束的意旨，即构成发价。一个建议如果写明货物并且明示或暗示地规定数量和价格或规定如何确定数量和价格，即为十分确定。

（2）非向一个或一个以上特定的人提出的建议，仅应视为邀请做出发价，除非提出建议的人明确地表示相反的意向。

第十五条

（1）发价于送达被发价人时生效。

（2）一项发价，即使是不可撤销的，得予撤回，如果撤回通知于发价送达被发价人之前或同时，送达被发价人。

第十六条

（1）在未订立合同之前，发价得予撤销，如果撤销通知于被发价人发出接受通知之前送达被发价人。

（2）但在下列情况下，发价不得撤销：

（a）发价写明接受发价的期限或以其他方式表示发价是不可撤销的；或

（b）被发价人有理由信赖该项发价是不可撤销的，而且被发价人已本着对该项发价的信赖行事。

第十七条

一项发价，即使是不可撤销的，于拒绝通知送达发价人时终止。

第十八条

（1）被发价人声明或做出其他行为表示同意一项发价，即是接受。缄默或不行动本身不等于接受。

（2）接受发价于表示同意的通知送达发价人时生效。如果表示同意的通知在发价人所规定的时间内，如未规定时间，在一段合理的时间内，未曾送达发价人，接受就成为无效，但须适当地考虑到交易的情况，包括发价人所使用的通信方法的迅速程度。对口头发价必须立即接受，但情况有别者不在此限。

（3）但是，如果根据该项发价或依照当事人之间确立的习惯做法或惯例，被发价人可以作出某种行为，例如，与发运货物或支付价款有关的行为，来表示同意，而无须向发价人发出通知，则接受于该项行为作出时生效，但该项行为必须在上一款所规定的期间内作出。

第十九条

（1）对发价表示接受但载有添加、限制或其他更改的答复，即为拒绝该项发价，并构成还价。

（2）但是，对发价表示接受但载有添加或不同条件的答复，如所载的添加或不同条件在实质上并不变更该项发价的条件，除发价人在不过分迟延的期间内以口头或书面通知反对其间的差异外，仍构成接受。如果发价人不作出这种反对，合同的条件就以该项发价的条件以及接受通知内所载的更改为准。

（3）有关货物价格、付款、货物质量和数量、交货地点和时间、一方当事人对另一方当事人的赔偿责任范围或解决争端等的添加或不同条件，均视为在实质上变更发价的条件。

第二十条

（1）发价人在电报或信件内规定的接受期间，从电报交发时刻或信上载明的发信日期起算，如信上未载明发信日期，则从信封上所载日期起算。发价人以电话、电传或其他快速通信方法规定的接受期间，从发价送达被发价人时起算。

（2）在计算接受期间时，接受期间内的正式假日或非营业日应计算在内。但是，如果接受通知在接受期间的最后一天未能送到发价人地址，因为那天在发价人营业地是正式假日或非营业日，则接受期间应顺延至下一个营业日。

第二十一条

（1）逾期接受仍有接受的效力，如果发价人毫不迟延地用口头或书面将此种意见通知被发价人。

（2）如果载有逾期接受的信件或其他书面文件表明，它是在传递正常、能及时送达发价人的情况下寄发的，则该项逾期接受具有接受的效力，除非发价人毫不迟延地用口头或书面通知被发价人：他认为他的发价已经失效。

第二十二条

接受得以撤回，如果撤回通知于接受原应生效之前或同时，送达发价人。

第二十三条

合同于按照本公约规定对发价的接受生效时订立。

第二十四条

为公约本部分的目的，发价、接受声明或任何其他意旨表示“送达”对方，系指用口头通知对方或通过任何其他方法送交对方本人，或其营业地或通信地址，如无营业地或通信地址，则送交对方惯常居住地。

第三部分　货物销售

第一章　总则

第二十五条

一方当事人违反合同的结果，如使另一方当事人蒙受损害，以致实际上剥夺了他根据合同规定有权期待得到的东西，即为根本违反合同，除非违反合同一方并不预知而且一个同等资格、通情达理的人处于相同情况中也没有理由预知会发生这种结果。

第二十六条

宣告合同无效的声明，必须向另一方当事人发出通知，方始有效。

第二十七条

除非公约本部分另有明文规定，当事人按照本部分的规定，以适合情况的方法发出任何通知、要求或其他通知后，这种通知如在传递上发生耽搁或错误，或者未能到达，并不使该当事人丧失依靠该项通知的权利。

第二十八条

如果按照本公约的规定，一方当事人有权要求另一方当事人履行某一义务，法院没有义务作出判决，要求具体履行此一义务，除非法院依照其本身的法律对不属本公约范围的类似销售合同愿意这样做。

第二十九条

(1) 合同只需双方当事人协议，就可更改或终止。

(2) 规定任何更改或根据协议终止必须以书面作出的书面合同，不得以任何其他方式更改或根据协议终止。但是，一方当事人的行为，如经另一方当事人寄以信赖，就不得坚持此项规定。

第二章 卖方的义务

第三十条

卖方必须按照合同和本公约的规定，交付货物，移交一切与货物有关的单据并转移货物所有权。

第一节 交付货物和移交单据

第三十一条

如果卖方没有义务要在任何其他特定地点交付货物，他的交货义务如下：

(a) 如果销售合同涉及货物的运输，卖方应把货物移交给第一承运人，以运交给买方；

(b) 在不属于上一款规定的情况下，如果合同指的是特定货物或从特定存货中提取的或尚待制造或生产的未经特定化的货物，而双方当事人在订立合同时已知道这些货物是在某一特定地点，或将在某一特定地点制造或生产，卖方应在该地点把货物交给买方处置；

(c) 在其他情况下，卖方应在他于订立合同时的营业地把货物交给买方处置。

第三十二条

(1) 如果卖方按照合同或本公约的规定将货物交付给承运人，但货物没有以货物上加标记，或以装运单据或其他方式清楚地注明有关合同，卖方必须向买方发出列明货物的发货通知。

（2）如果卖方有义务安排货物的运输，他必须订立必要的合同，以按照通常运输条件，用适合情况的运输工具，把货物运到指定地点。

（3）如果卖方没有义务对货物的运输办理保险，他必须在买方提出要求时，向买方提供一切现有的必要资料，使他能够办理这种保险。

第三十三条

卖方必须按以下规定的日期交付货物：

（a）如果合同规定有日期，或从合同可以确定日期，应在该日期交货；

（b）如果合同规定有一段时间，或从合同可以确定一段时间，除非情况表明应由买方选定一个日期外，应在该段时间内任何时候交货；或者

（c）在其他情况下，应在订立合同后一段合理时间内交货。

第三十四条

如果卖方有义务移交与货物有关的单据，他必须按照合同所规定的时间、地点和方式移交这些单据。如果卖方在那个时间以前已移交这些单据，他可以在那个时间到达前纠正单据中任何不符合同规定的情形，但是，此一权利的行使不得使买方遭受不合理的不便或承担不合理的开支。但是，买方保留本公约所规定的要求损害赔偿的任何权利。

第二节　货物相符与第三方要求

第三十五条

（1）卖方交付的货物必须与合同所规定的数量、质量和规格相符，并须按照合同所规定的方式装箱或包装。

（2）除双方当事人业已另有协议外，货物除非符合以下规定，否则即为与合同不符：

（a）货物适用于同一规格货物通常使用的目的；

（b）货物适用于订立合同时曾明示或默示地通知卖方的任何特定目的，除非情况表明买方并不依赖卖方的技能和判断力，或者这种依赖对他是不合

理的；

（c）货物的质量与卖方向买方提供的货物样品或样式相同；

（d）货物按照同类货物通用的方式装箱或包装，如果没有此种通用方式，则按照足以保全和保护货物的方式装箱或包装。

（3）如果买方在订立合同时知道或者不可能不知道货物不符合同，卖方就无须按上一款（a）项至（d）项负有此种不符合同的责任。

第三十六条

（1）卖方应按照合同和本公约的规定，对风险移转到买方时所存在的任何不符合同情形，负有责任，即使这种不符合同情形在该时间后方始明显。

（2）卖方对在上一款所述时间后发生的任何不符合同情形，也应负有责任，如果这种不符合同情形是由于卖方违反他的某项义务所致，包括违反关于在一段时间内货物将继续适用于其通常使用的目的或某种特定目的，或将保持某种特定质量或性质的任何保证。

第三十七条

如果卖方在交货日期前交付货物，他可以在那个日期到达前，交付任何缺漏部分或补足所交付货物的不足数量，或交付用以替换所交付不符合同规定的货物，或对所交付货物中任何不符合同规定的情形做出补救，但是，此一权利的行使不得使买方遭受不合理的不便或承担不合理的开支。但是，买方保留本公约所规定的要求损害赔偿的任何权利。

第三十八条

（1）买方必须在按情况实际可行的最短时间内检验货物或由他人检验货物。

（2）如果合同涉及货物的运输，检验可推迟到货物到达目的地后进行。

（3）如果货物在运输途中改运或买方须再发运货物，没有合理机会加以检验，而卖方在订立合同时已知道或理应知道这种改运或再发运的可能性，检验可推迟到货物到达新目的地后进行。

第三十九条

（1）买方对货物不符合同，必须在发现或理应发现不符情形后一段合理时间内通知卖方，说明不符合同情形的性质，否则就丧失声称货物不符合同的权利。

（2）无论如何，如果买方不在实际收到货物之日起两年内将货物不符合同情形通知卖方，他就丧失声称货物不符合同的权利，除非这一时限与合同规定的保证期限不符。

第四十条

如果货物不符合同规定指的是卖方已知道或不可能不知道而又没有告知买方的一些事实，则卖方无权援引第三十八条和第三十九条的规定。

第四十一条

卖方所交付的货物，必须是第三方不能提出任何权利或要求的货物，除非买方同意在这种权利或要求的条件下，收取货物。但是，如果这种权利或要求是以工业产权或其他知识产权为基础的，卖方的义务应依照第四十二条的规定。

第四十二条

（1）卖方所交付的货物，必须是第三方不能根据工业产权或其他知识产权主张任何权利或要求的货物，但以卖方在订立合同时已知道或不可能不知道的权利或要求为限，而且这种权利或要求根据以下国家的法律规定是以工业产权或其他知识产权为基础的：

（a）如果双方当事人在订立合同时预期货物将在某一国境内转售或做其他使用，则根据货物将在其境内转售或做其他使用的国家的法律；或者

（b）在任何其他情况下，根据买方营业地所在国家的法律。

（2）卖方在上一款中的义务不适用于以下情况：

（a）买方在订立合同时已知道或不可能不知道此项权利或要求；或者

（b）此项权利或要求的发生，是由于卖方要遵照买方所提供的技术图样、

图案、程式或其他规格。

第四十三条

（1）买方如果不在已知道或理应知道第三方的权利或要求后一段合理时间内，将此一权利或要求的性质通知卖方，就丧失援引第四十一条或第四十二条规定的权利。

（2）卖方如果知道第三方的权利或要求以及此一权利或要求的性质，就无权援引上一款的规定。

第四十四条

尽管有第三十九条第（1）款和第四十三条第（1）款的规定，买方如果对他未发出所需的通知具备合理的理由，仍可按照第五十条规定减低价格，或要求利润损失以外的损害赔偿。

第三节　卖方违反合同的补救办法

第四十五条

（1）如果卖方不履行他在合同和本公约中的任何义务，买方可以：

（a）行使第四十六条至第五十二条所规定的权利；

（b）按照第七十四条至第七十七条的规定，要求损害赔偿。

（2）买方可能享有的要求损害赔偿的任何权利，不因他行使采取其他补救办法的权利而丧失。

（3）如果买方对违反合同采取某种补救办法，法院或仲裁庭不得给予卖方宽限期。

第四十六条

（1）买方可以要求卖方履行义务，除非买方已采取与此一要求相抵触的某种补救办法。

（2）如果货物不符合同，买方只有在此种不符合同情形构成根本违反合同时，才可以要求交付替代货物，而且关于替代货物的要求，必须与依照第三十九条发出的通知同时提出，或者在该项通知发出后一段合理时间内提出。

（3）如果货物不符合同，买方可以要求卖方通过修理对不符合同之处做出补救，除非他考虑了所有情况之后，认为这样做是不合理的。修理的要求必须与依照第三十九条发出的通知同时提出，或者在该项通知发出后一段合理时间内提出。

第四十七条

（1）买方可以规定一段合理时限的额外时间，让卖方履行其义务。

（2）除非买方收到卖方的通知，声称他将不在所规定的时间内履行义务，买方在这段时间内不得对违反合同采取任何补救办法。但是，买方并不因此丧失他对迟延履行义务可能享有的要求损害赔偿的任何权利。

第四十八条

（1）在第四十九条的条件下，卖方即使在交货日期之后，仍可自付费用，对任何不履行义务做出补救，但这种补救不得造成不合理的迟延，也不得使买方遭受不合理的不便，或无法确定卖方是否将偿付买方预付的费用。但是，买方保留本公约所规定的要求损害赔偿的任何权利。

（2）如果卖方要求买方表明他是否接受卖方履行义务，而买方不在一段合理时间内对此一要求做出答复，则卖方可以按其要求中所指明的时间履行义务。买方不得在该段时间内采取与卖方履行义务相抵触的任何补救办法。

（3）卖方表明他将在某一特定时间内履行义务的通知，应视为包括根据上一款规定要买方表明决定的要求在内。

（4）卖方按照本条第（2）款和第（3）款做出的要求或通知，必须在买方收到后，始生效力。

第四十九条

（1）买方在以下情况下可以宣告合同无效：

（a）卖方不履行其在合同或本公约中的任何义务，等于根本违反合

同；或

（b）如果发生不交货的情况，卖方不在买方按照第四十七条第（1）款规定的额外时间内交付货物，或卖方声明他将不在所规定的时间内交付货物。

（2）但是，如果卖方已交付货物，买方就丧失宣告合同无效的权利，除非：

（a）对于迟延交货，他在知道交货后一段合理时间内这样做；

（b）对于迟延交货以外的任何违反合同事情：

（ⅰ）他在已知道或理应知道这种违反合同后一段合理时间内这样做；或

（ⅱ）他在买方按照第四十七条第（1）款规定的任何额外时间满期后，或在卖方声明他将不在这一额外时间履行义务后一段合理时间内这样做；或

（ⅲ）他在卖方按照第四十八条第（2）款指明的任何额外时间满期后，或在买方声明他将不接受卖方履行义务后一段合理时间内这样做。

第五十条

如果货物不符合同，不论价款是否已付，买方都可以减低价格，减价按实际交付的货物在交货时的价值与符合合同的货物在当时的价值两者之间的比例计算。但是，如果卖方按照第三十七条或第四十八条的规定对任何不履行义务做出补救，或者买方拒绝接受卖方按照该两条规定履行义务，则买方不得减低价格。

第五十一条

（1）如果卖方只交付一部分货物，或者交付的货物中只有一部分符合合同规定，第四十六条至第五十条的规定适用于缺漏部分及不符合同规定部分的货物。

（2）买方只有在完全不交付货物或不按照合同规定交付货物等于根本违反合同时，才可以宣告整个合同无效。

第五十二条

（1）如果卖方在规定的日期前交付货物，买方可以收取货物，也可以拒

绝收取货物。

（2）如果卖方交付的货物数量大于合同规定的数量，买方可以收取也可以拒绝收取多交部分的货物。如果买方收取多交部分货物的全部或一部分，他必须按合同价格付款。

第三章　买方的义务

第五十三条

买方必须按照合同和本公约规定支付货物价款和收取货物。

第一节　支付价款

第五十四条

买方支付价款的义务包括根据合同或任何有关法律和规章规定的步骤和手续，以便支付价款。

第五十五条

如果合同已有效地订立，但没有明示或暗示地规定价格或规定如何确定价格，在没有任何相反表示的情况下，双方当事人应视为已默示地引用订立合同时此种货物在有关贸易的类似情况下销售的通常价格。

第五十六条

如果价格是按货物的重量规定的，如有疑问，应按净重确定。

第五十七条

（1）如果买方没有义务在任何其他特定地点支付价款，他必须在以下地点向卖方支付价款：

（a）卖方的营业地；或者

（b）如凭移交货物或单据支付价款，则为移交货物或单据的地点。

（2）卖方必须承担因其营业地在订立合同后发生变动而增加的支付方面的有关费用。

第五十八条

（1）如果买方没有义务在任何其他特定时间内支付价款，他必须于卖方按照合同和本公约规定将货物或控制货物处置权的单据交给买方处置时支付价款。卖方可以支付价款作为移交货物或单据的条件。

（2）如果合同涉及货物的运输，卖方可以在支付价款后方可把货物或控制货物处置权的单据移交给买方作为发运货物的条件。

（3）买方在未有机会检验货物前，无义务支付价款，除非这种机会与双方当事人议定的交货或支付程序相抵触。

第五十九条

买方必须按合同和本公约规定的日期或从合同和本公约可以确定的日期支付价款，而无须卖方提出任何要求或办理任何手续。

第二节　收取货物

第六十条

买方收取货物的义务如下：

（a）采取一切理应采取的行动，以期卖方能交付货物；和

（b）接收货物。

第三节　买方违反合同的补救办法

第六十一条

（1）如果买方不履行他在合同和本公约中的任何义务，卖方可以：

（a）行使第六十二条至第六十五条所规定的权利；

（b）按照第七十四条至第七十七条的规定，要求损害赔偿。

（2）卖方可能享有的要求损害赔偿的任何权利，不因他行使采取其他补救办法的权利而丧失。

（3）如果卖方对违反合同采取某种补救办法，法院或仲裁庭不得给予买方宽限期。

第六十二条

卖方可以要求买方支付价款、收取货物或履行他的其他义务，除非卖方已采取与此一要求相抵触的某种补救办法。

第六十三条

（1）卖方可以规定一段合理时限的额外时间，让买方履行义务。

（2）除非卖方收到买方的通知，声称他将不在所规定的时间内履行义务，卖方不得在这段时间内对违反合同采取任何补救办法。但是，卖方并不因此丧失他对迟延履行义务可能享有的要求损害赔偿的任何权利。

第六十四条

（1）卖方在以下情况下可以宣告合同无效：

（a）买方不履行其在合同或本公约中的任何义务，等于根本违反合同；或

（b）买方不在卖方按照第六十三条第（1）款规定的额外时间内履行支付价款的义务或收取货物，或买方声明他将不在所规定的时间内这样做。

（2）但是，如果买方已支付价款，卖方就丧失宣告合同无效的权利，除非：

（a）对于买方迟延履行义务，他在知道买方履行义务前这样做；或者

（b）对于买方迟延履行义务以外的任何违反合同事情：

（ⅰ）他在已知道或理应知道这种违反合同后一段合理时间内这样做；或

（ⅱ）他在卖方按照第六十三条第（1）款规定的任何额外时间满期后或在买方声明他将不在这一额外时间内履行义务后一段合理时间内这样做。

第六十五条

（1）如果买方应根据合同规定订明货物的形状、大小或其他特征，而他在议定的日期或在收到卖方的要求后一段合理时间内没有订明这些规格，则卖方在不损害其可能享有的任何其他权利的情况下，可以依照他所知的买方的要求，自己订明规格。

（2）如果卖方自己订明规格，他必须把订明规格的细节通知买方，而且必须规定一段合理时间，让买方可以在该段时间内订出不同的规格。如果买方在收到这种通知后没有在该段时间内这样做，卖方所订的规格就具有约束力。

第四章　风险移转

第六十六条

货物在风险移转到买方承担后遗失或损坏，买方支付价款的义务并不因此解除，除非这种遗失或损坏是由卖方的行为或不行为所造成的。

第六十七条

（1）如果销售合同涉及货物的运输，但卖方没有义务在某一特定地点交付货物，自货物按照销售合同交付给第一承运人以转交给买方时起，风险就移转到买方承担。如果卖方有义务在某一特定地点把货物交付给承运人，在货物于该地点交付给承运人以前，风险不移转到买方承担。卖方受权保留控制货物处置权的单据，并不影响风险的移转。

（2）但是，在货物以货物上加标记、或以装运单据、或向买方发出通知或其他方式清楚地注明有关合同以前，风险不移转到买方承担。

第六十八条

对于在运输途中销售的货物，从订立合同时起，风险就移转到买方承担。但是，如果情况表明有此需要，从货物交付给签发载有运输合同单据的承运人时起，风险就由买方承担，尽管如此，如果卖方在订立合同时已知道或理应知道货物已经遗失或损坏，而他又不将这一事实告知买方，则这种遗失或损坏应由卖方负责。

第六十九条

（1）在不属于第六十七条和第六十八条规定的情况下，从买方接收货物时起，或如果买方不在适当时间内这样做，则从货物交给他处置但他不收取货物从而违反合同时起，风险移转到买方承担。

（2）但是，如果买方有义务在卖方营业地以外的某一地点接收货物，当交货时间已到而买方知道货物已在该地点交给他处置时，风险方始移转。

（3）如果合同指的是当时未加识别的货物，则这些货物在未清楚注明有关合同以前，不得视为已交给买方处置。

第七十条

如果卖方已根本违反合同，第六十七条、第六十八条和第六十九条的规定，不损害买方因此种违反合同而可以采取的各种补救办法。

第五章　卖方和买方义务的一般规定

第一节　预期违反合同和分批交货合同

第七十一条

（1）如果订立合同后，另一方当事人由于下列原因显然将不履行其大部分重要义务，一方当事人可以中止履行义务：

（a）他履行义务的能力或他的信用有严重缺陷；或

（b）他在准备履行合同或履行合同中的行为。

（2）如果卖方在上一款所述的理由明显化以前已将货物发运，他可以阻止将货物交付给买方，即使买方持有其有权获得货物的单据。本款规定只与买方和卖方间对货物的权利有关。

（3）中止履行义务的一方当事人无论是在货物发运前还是发运后，都必须立即通知另一方当事人，如经另一方当事人对履行义务提供充分保证，则他必须继续履行义务。

第七十二条

（1）如果在履行合同日期之前，明显看出一方当事人将根本违反合同，另一方当事人可以宣告合同无效。

（2）如果时间许可，打算宣告合同无效的一方当事人必须向另一方当事人发出合理的通知，使他可以对履行义务提供充分保证。

（3）如果另一方当事人已声明他将不履行其义务，则上一款的规定不适用。

第七十三条

（1）对于分批交付货物的合同，如果一方当事人不履行对任何一批货物的义务，使对该批货物构成根本违反合同，则另一方当事人可以宣告合同对该批货物无效。

（2）如果一方当事人不履行对任何一批货物的义务，使另一方当事人有充分理由断定对今后各批货物将会发生根本违反合同，该另一方当事人可以在一段合理时间内宣告合同今后无效。

（3）买方宣告合同对任何一批货物的交付为无效时，可以同时宣告合同对已交付的或今后交付的各批货物均为无效，如果各批货物是互相依存的，不能单独用于双方当事人在订立合同时所设想的目的。

第二节　损害赔偿

第七十四条

一方当事人违反合同应负的损害赔偿额，应与另一方当事人因他违反合同而遭受的包括利润在内的损失额相等。这种损害赔偿不得超过违反合同一方在订立合同时，依照他当时已知道或理应知道的事实和情况，对违反合同预料到或理应预料到的可能损失。

第七十五条

如果合同被宣告无效，而在宣告无效后一段合理时间内，买方已以合理方式购买替代货物，或者卖方已以合理方式把货物转卖，则要求损害赔偿的一方可以取得合同价格和替代货物交易价格之间的差额以及按照第七十四条规定可以取得的任何其他损害赔偿。

第七十六条

（1）如果合同被宣告无效，而货物又有时价，要求损害赔偿的一方，如果没有根据第七十五条规定进行购买或转卖，则可以取得合同规定的价格和宣告合同无效时的时价之间的差额以及按照第七十四条规定可以取得的任何其他损害赔偿。但是，如果要求损害赔偿的一方在接收货物之后宣告合同无效，则应适用接收货物时的时价，而不适用宣告合同无效时的时价。

（2）为上一款的目的，时价指原应交付货物地点的现行价格，如果该地点没有时价，则指另一合理替代地点的价格，但应适当地考虑货物运费的差额。

第七十七条

声称另一方违反合同的一方，必须按情况采取合理措施，减轻由于该另一方违反合同而引起的损失，包括利润方面的损失。如果他不采取这种措施，违反合同一方可以要求从损害赔偿中扣除原可以减轻的损失数额。

第三节 利息

第七十八条

如果一方当事人没有支付价款或任何其他拖欠金额，另一方当事人有权对这些款额收取利息，但不妨碍要求按照第七十四条规定可以取得的损害赔偿。

第四节 免责

第七十九条

（1）当事人对不履行义务，不负责任，如果他能证明此种不履行义务，是由于某种非他所能控制的障碍，而且对于这种障碍，没有理由预期他在订立合同时能考虑到或能避免或克服它或它的后果。

（2）如果当事人不履行义务是由他所雇用履行合同的全部或一部分规定的第三方不履行义务所致，该当事人只有在以下情况下才能免除责任：

（a）他按照上一款的规定应免除责任；和

（b）假如该款的规定也适用于他所雇用的人，这个人也同样会免除责任。

（3）本条所规定的免责对障碍存在的期间有效。

（4）不履行义务的一方必须将障碍及其对他履行义务能力的影响通知另一方。如果该项通知在不履行义务的一方已知道或理应知道此一障碍后一段合理时间内仍未为另一方收到，则他对由于另一方未收到通知而造成的损害应负赔偿责任。

（5）本条规定不妨碍任一方行使本公约规定的要求损害赔偿以外的任何权利。

第八十条

一方当事人因其行为或不行为而使得另一方当事人不履行义务时，不得声称该另一方当事人不履行义务。

第五节 宣告合同无效的效果

第八十一条

（1）宣告合同无效解除了双方在合同中的义务，但应负责的任何损害赔偿仍应负责。宣告合同无效不影响合同中关于解决争端的任何规定，也不影响合同中关于双方在宣告合同无效后权利和义务的任何其他规定。

（2）已全部或局部履行合同的一方，可以要求另一方归还他按照合同供应的货物或支付的价款，如果双方都须归还，他们必须同时这样做。

第八十二条

（1）买方如果不可能按实际收到货物的原状归还货物，他就丧失宣告合同无效或要求卖方交付替代货物的权利。

（2）上一款的规定不适用于以下情况：

（a）如果不可能归还货物或不可能按实际收到货物的原状归还货物，并非由买方的行为或不行为所造成；或者

（b）如果货物或其中一部分的毁灭或变坏，是由于按照第三十八条规定进行检验所致；或者

（c）如果货物或其中一部分，在买方发现或理应发现与合同不符以前，已为买方在正常营业过程中售出，或在正常使用过程中消费或改变。

第八十三条

买方虽然依第八十二条规定丧失宣言合同无效或要求卖方交付替代货物的权利，但是根据合同和本公约规定，他仍保有采取一切其他补救办法的权利。

第八十四条

（1）如果卖方有义务归还价款，他必须同时从支付价款之日起支付价款利息。

（2）在以下情况下，买方必须向卖方说明他从货物或其中一部分得到的一切利益：

（a）如果他必须归还货物或其中一部分；或者

（b）如果他不可能归还全部或一部分货物，或不可能按实际收到货物的原状归还全部或一部分货物，但他已宣告合同无效或已要求卖方交付替代货物。

第六节　保全货物

第八十五条

如果买方推迟收取货物，或在支付价款和交付货物应同时履行时，买方没有支付价款，而卖方仍拥有这些货物或仍能控制这些货物的处置权，卖方必须按情况采取合理措施，以保全货物，他有权保有这些货物，直至买方把他所付的合理费用偿还他为止。

第八十六条

（1）如果买方已收到货物，但打算行使合同或本公约规定的任何权利，把货物退回，他必须按情况采取合理措施，以保全货物。他有权保有这些货物，直至卖方把他所付的合理费用偿还给他为止。

（2）如果发运给买方的货物已到达目的地，并交给买方处置，而买方行使退货权利，则买方必须代表卖方收取货物，除非他这样做需要支付价款而且会使他遭受不合理的不便或需承担不合理的费用。如果卖方或受权代表他掌管货物的人也在目的地，则此一规定不适用。如果买方根据本款规定收取货物，他的权利和义务与上一款所规定的相同。

第八十七条

有义务采取措施以保全货物的一方当事人，可以把货物寄放在第三方的仓库，由另一方当事人担负费用，但该项费用必须合理。

第八十八条

（1）如果另一方当事人在收取货物或收回货物或支付价款或保全货物费用方面有不合理的迟延，按照第八十五条或第八十六条规定有义务保全货物的一方当事人，可以采取任何适当办法，把货物出售，但必须事前向另一方当事人发出合理的意向通知。

（2）如果货物易于迅速变坏，或者货物的保全牵涉到不合理的费用，则按照第八十五条或第八十六条规定有义务保全货物的一方当事人，必须采取合理措施，把货物出售。在可能的范围内，他必须把出售货物的打算通知另一方当事人。

（3）出售货物的一方当事人，有权从销售所得收入中扣回为保全货物和销售货物而付的合理费用。他必须向另一方当事人说明所余款项。

第四部分　最后条款

第八十九条

兹指定联合国秘书长为本公约保管人。

第九十条

本公约不优于业已缔结或可能缔结并载有与属于本公约范围内事项有关的条款的任何国际协定，但以双方当事人的营业地均在这种协定的缔约国内为限。

第九十一条

（1）本公约在联合国国际货物销售合同会议闭幕会议上开放签字，并在纽约联合国总部继续开放签字，直至1981年9月30日为止。

（2）本公约须经签字国批准、接受或核准。

（3）本公约从开放签字之日起开放给所有非签字国加入。

（4）批准书、接受书、核准书和加入书应送交联合国秘书长存放。

第九十二条

（1）缔约国可在签字、批准、接受、核准或加入时声明它不受本公约第二部分的约束或不受本公约第三部分的约束。

（2）按照上一款规定就本公约第二部分或第三部分做出声明的缔约国，在该声明适用的部分所规定事项上，不得视为本公约第一条第（1）款范围内的缔约国。

第九十三条

（1）如果缔约国具有两个或两个以上的领土单位，而依照该国宪法规定、各领土单位对本公约所规定的事项适用不同的法律制度，则该国得在签字、批准、接受、核准或加入时声明本公约适用于该国全部领土单位或仅适用于其中的一个或数个领土单位，并且可以随时提出另一声明来修改其所做的声明。

（2）此种声明应通知保管人，并且明确地说明适用本公约的领土单位。

（3）如果根据按本条做出的声明，本公约适用于缔约国的一个或数个但不是全部领土单位，而且一方当事人的营业地位于该缔约国内，则为本公约的目的，该营业地除非位于本公约适用的领土单位内，否则视为不在缔约国内。

（4）如果缔约国没有按照本条第（1）款做出声明，则本公约适用于该国所有领土单位。

第九十四条

（1）对属于本公约范围的事项具有相同或非常近似的法律规则的两个或两个以上的缔约国，可随时声明本公约不适用于营业地在这些缔约国内的当事人之间的销售合同，也不适用于这些合同的订立。此种声明可联合做出，也可以相互单方面声明的方式做出。

（2）对属于本公约范围的事项具有与一个或一个以上非缔约国相同或非常近似的法律规则的缔约国，可随时声明本公约不适用于营业地在这些非缔约国内的当事人之间的销售合同，也不适用于这些合同的订立。

（3）作为根据上一款所做声明对象的国家如果后来成为缔约国，这项声明从本公约对该新缔约国生效之日起，具有根据第（1）款所做声明的效力，但以该新缔约国加入这项声明，或做出相互单方面声明为限。

第九十五条

任何国家在交存其批准书、接受书、核准书或加入书时，可声明它不受本公约第一条第（1）款（b）项的约束。

第九十六条

本国法律规定销售合同必须以书面订立或书面证明的缔约国，可以随时按照第十二条的规定，声明本公约第十一条、第二十九条或第二部分准许销售合同或其更改或根据协议终止，或者任何发价、接受或其他意旨表示得以书面以外任何形式做出的任何规定不适用，如果任何一方当事人的营业地是该缔约国内。

第九十七条

（1）根据本公约规定在签字时做出的声明，须在批准、接受或核准时加以确认。

（2）声明和声明的确认，应以书面提出，并应正式通知保管人。

（3）声明在本公约对有关国家开始生效时同时生效。但是，保管人于此种生效后收到正式通知的声明，应于保管人收到声明之日起六个月后的第一个月第一天生效。根据第九十四条规定做出的相互单方面声明，应于保管人收到最后一份声明之日起六个月后的第一个月第一天生效。

（4）根据本公约规定做出声明的任何国家可以随时用书面正式通知保管人撤回该项声明。此种撤回于保管人收到通知之日起六个月后的第一个月第一天生效。

（5）撤回根据第九十四条做出的声明，自撤回生效之日起，就会使另一个国家根据该条所做的任何相互声明失效。

第九十八条

除本公约明文许可的保留外，不得做任何保留。

第九十九条

（1）在本条第（6）款规定的条件下，本公约在第十件批准书、接受书、核准书或加入书、包括载有根据第九十二条规定做出的声明的文书交存之日起十二个月后的第一个月第一天生效。

（2）在本条第（6）款规定的条件下，对于在第十件批准书、接受书、核准书或加入书交存后才批准、接受、核准或加入本公约的国家，本公约在该国交存其批准书、接受书、核准书或加入书之日起十二个月后的第一个月第一天对该国生效，但不适用的部分除外。

（3）批准、接受、核准或加入本公约的国家，如果是1964年7月1日在海牙签订的《关于国际货物销售合同的订立统一法公约》（《1964年海牙订立合同公约》）和1964年7月1日在海牙签订的《关于国际货物销售统一法的公约》（《1964年海牙货物销售公约》）中一项或两项公约的缔约国，应按情况同时通知荷兰政府声明退出《1964年海牙货物销售公约》或《1964年海牙订立合同公约》或退出该两公约。

（4）凡为《1964年海牙货物销售公约》缔约国并批准、接受、核准或加入本公约和根据第九十二条规定声明或业已声明不受本公约第二部分约束的国家，应于批准、接受、核准或加入时通知荷兰政府声明退出《1964年海牙货物销售公约》。

（5）凡为《1964年海牙订立合同公约》缔约国并批准、接受、核准或加入本公约和根据第九十二条规定声明或业已声明不受本公约第三部分约束的国家，应于批准、接受、核准或加入时通知荷兰政府声明退出《1964年海牙订立合同公约》。

（6）为本条的目的《1964年海牙订立合同公约》或《1964年海牙货物销售公约》的缔约国的批准、接受、核准或加入本公约，应在这些国家按照规定退出该两公约生效后方始生效。本公约保管人应与1964年两公约的保管人荷兰政府进行协商，以确保在这方面进行必要的协调。

第一百条

（1）本公约适用于合同的订立，只要订立该合同的建议是在本公约对第一条第（1）款（a）项所指缔约国或第一条第（1）款（b）项所指缔约国生效之日或其后作出的。

（2）本公约只适用于在它对第一条第（1）款（a）项所指缔约国或第一条第（1）款（b）项所指缔约国生效之日或其后订立的合同。

第一百零一条

(1) 缔约国可以用书面正式通知保管人声明退出本公约，或本公约第二部分或第三部分。

(2) 退出于保管人收到通知十二个月后的第一个月第一天起生效。凡通知内订明一段退出生效的更长时间，则退出于保管人收到通知后该段更长时间期满时起生效。

1989 年 4 月 11 日订于维也纳，正本一份，其阿拉伯文本、中文本、英文本、法文本、俄文本和西班牙文本都具有同等效力。

后　记

2008 年 9 月进入建国大学开始学习，我也不知道为什么会选择国际贸易作为自己的专业。由于韩语不熟练，整个大一上学期就处于一种极其茫然的状态。在《经济学原理 I》的课程中，我隐约记住了一个词——经世济民。同年 12 月，我只身前往位于首尔市江南区三成洞的韩国贸易协会（Korea International Trade Association）总部，在首尔最富庶的地区看到一尊石碑，上刻有时任韩国贸易协会会长南德祐的汉字题字——贸易兴邦。“经世济民”“贸易兴邦”，这大概是我初入大学印象最深的两个词了。

大学里的第一节课是朴洸绪教授主讲的国际贸易商务，学完后卷面成绩只有 57 分，我不得不选择重修。然而，就是这个让我重修的课程，开启了我对于国际贸易的新认识。大学四年中，我竭尽所能，投入一切时间学习，三年级时成为韩国贸易协会历史上第一位非韩国籍的一级国际贸易师资格持有人之一（李扬学姐与我同期考核合格），自此我开始真正享受学习国际贸易的过程，在这个过程中我甚至假想自己在经营着一家贸易企业，每一次对课题的解答都像是在完成经营活动中遇到的实际问题。

2014 年，完成了在首尔大学经济学部的研究生课程之后，我重回建国大学开始博士课程的学习，我意识到自己可能不会成为一名国际贸易商人，但研究国际贸易的过程仍然让我感到激动。在博士课程学习期间我是受眷顾的，感谢崔弼善教授（Prof. Choi Pilsun）、朴洸绪教授（Prof. Park Kwangso）、林圣勋教授（Prof. Lim Sunghoon）、任千锡教授（Prof. Im Chonsok）、张东汉教授（Prof. Chang Donghan）、俞洸铉教授（Prof. Yu Kwanghyun），以及当时建国大学商经学院的所有助教，他们给予了我极大的帮助。在他们的影响下我开始有了对于研究的理想与热情。时至今日，我仍无时无刻不怀念那段全身心投入学业的日子，也始终以建国大学国际贸易学科的毕业生为荣。

2017 年完成博士学位论文答辩之后，当天中午，教授们将对我的称呼从“周助教”改成了“周博士”，或许教授们怕我不懂得“博士”到底意味着什么，回国以前好几位教授都和我进行了长谈。在长谈中，除了聊起在建国大学有趣的日子，聊起我第一次在公开学术会议上演讲的拙劣表现，聊起论文投稿又被反复拒稿的尴尬场景，更重要的是，教授们和我聊起一个词——学者良心。他们告诉我，成为大学教师该如何对待学生，又该如何对待研究，让我不要忘记自己选择走学者道路的初衷，其实这就是学者版的“不忘初心”。博士毕业至今，我未能取得令教授们感到骄傲的成绩，但对于学者良心的践行我一直在督促自己，“作为教师对学生前途负责，作为学者不可违背学术伦理，更不要趋炎附势”，这是我正在做的，也必将继续做下去。

朴洸绪教授在自己的《贸易结算》一书的序言中引用了《淮南子》中的句子——“天下有三危。少德而多宠，一危也；才下而位高，二危也；身无大功而受厚禄，三危也。”非常惭愧我是在韩国学者的书里第一次读到这句来自中国的名言，但这句话对我影响极深，让我明白“多宠”“位高”“厚禄”应该通过修炼“德、才、功”获得。朴洸绪教授是让我重修的教授，但我对朴洸绪教授无比尊敬，当朴洸绪教授同意和我共著此书，也让我感到莫大荣幸。

在此书最后，我要感谢一些重要的人。感谢多年来父母对我留学的支持，感谢建国大学的培养，感谢安中渊在我求学过程中给予的帮助，感谢物流管理专业领导及同仁在我初入学校对我的提携，感谢妻子对我工作的理解与支持。

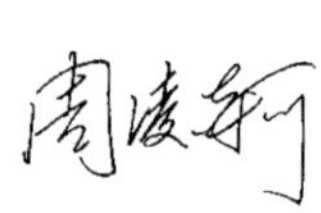

壬寅年春节于一干河畔